# Küssen
# in Köln

Di Massi
A.J. Kremer

# Küssen in Köln

## Ein Kuss-Wegweiser durch die Domstadt

emons:

# Inhalt

*»Die eigentlichen Entdeckungsreisen bestehen
nicht im Kennenlernen neuer Landstriche,
sondern darin, etwas mit anderen Augen zu sehen.«*
Marcel Proust

# Warum ein Buch vom Küssen in Köln?

Böse Zungen behaupten, der Kölner küsse weder gern noch gut, weil er dann für einen Moment lang nichts von sich und seiner geliebten Stadt erzählen könne. So kursiert sogar das folgende Sprichwort:

> *»Am schönsten sind Kölner beim Küssen,*
> *weil sie dabei schweigen müssen.«*

Schließlich ängstige den Kölner »an un för sich«, der als Rheinländer gern mal eine dicke Lippe riskiert, nichts so sehr wie das Schweigen. Der Denkfehler kommt hier schnell zutage: Wer küsst, der redet durchaus – nur eben auf eine besondere Weise.

Wir behaupten: Nirgends küsst es sich so gut und gern, so süß und spannend, so aussichtsreich und ausgelassen, so kommunikativ und kosmopolitisch wie in Köln. Oder, wie man es in kölntypischer Bescheidenheit formuliert: »Bütze dat kann mo nur he« (aus einem Karnevalsschlager von der Gruppe De Boore).

Gerade hier, in dieser großherzigsten und großspurigsten aller deutschen Großstädte, hat der Kuss sein eigentliches Zuhause. Wo er doch all das enthält, was der Kölner liebt und nicht nur im Karneval mit allen Stufen von himmelhochjauchzendem Frohsinn bis hin zu todtrüber Schwermut zelebriert: Austausch, Rausch – und viel »Jeföhl«.

Dieses Buch, durchaus auch als Hommage an eine einzigartige Stadt zu verstehen, möchte sich der schönsten Hauptsache der Welt widmen und damit die Lücke im bisherigen

Stadtführer-Einerlei schließen. Es soll Frisch- und Lang-Verliebten, kölschen Urgesteinen genauso wie Imis und Touristen den Weg zur (Neu-)Entdeckung einer Stadt weisen, soll unvergessliche Sekunden, Minuten und Tage bereiten – mit Lippenbekenntnissen der besonderen Art: leidenschaftlichen, ungestümen, endlosen, zärtlichen, koketten, innigen, gierigen, sinnlichen, stürmischen, unvergesslichen, schlichten, liebevollen, zugeworfenen, umwerfenden, köstlichen, eben »kölschen« Küssen.

Mag Paris den berühmtesten Kuss für sich verbuchen und die zwanzigmillionste Postkarte mit dem knutschenden Liebespärchen am Pont Neuf von 1956 in die Welt werfen. Mag New York als Ort des längsten Kusses der Weltgeschichte glücklich sein und über 30 Stunden, 59 Minuten und 27 Sekunden Standhaftigkeit staunen. In Köln, so meinen wir, küsst sich's immer noch am schönsten. Wie und wo und warum: Davon handelt dieses Buch.

# Köln – eine Stadt zum Knutschen

»Komm, Süße, lass dich küssen!« Mit diesen Worten hatte 2002 in der Kölner U-Bahn ein dreiundsiebzigjähriger Rentner eine ihm unbekannte vierzig Jahre alte Frau aus heiterem Himmel auf die Wange geküsst und dafür neunhundert Euro Strafe kassiert. Den rüstigen Alten habe, wie er angab, urplötzlich ein »Hochgefühl« übermannt. Dabei kam der gute Mann aus einer Generation, in der viel strengere Sitten herrschten: Noch bis 1968 wurde – man mag es kaum glauben – öffentliches Küssen auch im feucht-fröhlichen Köln als Straftat verfolgt.

Ein ausgerechnet Münchener (!) Urteil sorgte dafür, dass solche öffentlich ausgetragenen Zärtlichkeiten nicht länger bestraft wurden. Die Kölnische Rundschau nahm dies im Mai 1968 zum Anlass, die Probe aufs Exempel zu wagen. Ein junges Paar, platziert am Neumarkt und an unterschiedlichen Stellen der heutigen Fußgängerzone, sorgte mit innigen Küssen für einigen Unmut: »Schämt ihr euch denn gar nicht?«, wollten einige Passanten wissen. Der herbeigerufene Schutzmann gab gar den Rat: »Wenn Sie sich schon küssen müssen, dann gehen Sie doch in den Grüngürtel.«

Was sagen uns diese Geschichten? Eine dicke Lippe zu riskieren kann schön sein, hat aber häufig auch seinen Preis. Eine manchmal fehlende Distanz, man könnte auch sagen: Kommunikationsfreude, von lahmen Zungen aus dem Norden gern als Geschwätzigkeit abgetan, und eine gewisse derbe Herzlichkeit zwischen Humor und Melancholie machen den Kölner zu etwas ganz Besonderem. Das Küssen – oder »Bützen«, wie es auf Kölsch heißt – gehört ganz unbestreitbar dazu. Aber es werden nicht nur Menschen gebützt. Mit eigenen Augen sahen wir an einem windigen Herbsttag einen vielleicht fünfzigjährigen Mann eine Steinmauer des Doms herzen und küssen. Was er denn da treibe, wollte ein Passant lauthals wissen. »Ach«, seufzte der etwas angetrunkene Mann mit deutlich hörbarem kölschen Akzent: »Ich han en halt esu leev.«

Dass dat Hätz vun der Welt in Köln zu Haus ist, das weiß in Kölle jedes Kind. Jedes zweite Lied, das der heimlichen Landeshauptstadt entstammt, scheint eine Liebeserklärung an die Heimatstadt zu enthalten: Köln ist eben »e Jeföhl«. Entsprechend stolz zeigt man sich, dazugehören zu dürfen: »Mir sin Kölsche uss Kölle am Rhing – mer sin stolz dodrupp, un uns kritt keener kling!« Untertänige Demut war noch nie Sache des Kölners. Den allzu machthungrigen Erzbischof Siegfried von Westerburg wies man schließlich schon 1288 in der Schlacht von Worringen in seine Schranken, wodurch sich Köln früh zur freien Reichsstadt mauserte.

Die Leidenschaft, mit der der Kölner seine »hillije« (heilige) Stadt liebt, manifestiert sich auch im manchmal rauen, immer aber herzlichen Umgang zwischen Alteingesessenen und Zugezogenen, historisch streng genommen also zwischen allen. Denn Köln, das sich so gern kosmopolitisch gibt, ist vor allem kosmomenschlich. In jedem Kölner spiegelt sich ein Stück europäischer Geschichte wider: Ubier, Römer, Goten, Franken, Deutsche, Schweden, Franzosen lebten und liebten hier, bekriegten und versöhnten sich. Irgendwann bildete sich dabei die spezifisch kölsche Form einer schulterzuckenden Toleranz heraus: Jede Jeck is anders.

Der südländische Geist, der der Stadt zu eigen ist, die kölsche Fähigkeit, auch einmal fünfe gerade sein zu lassen – der Dom wurde schließlich erst nach 750 Jahren fertiggestellt, und zwar ausgerechnet von den Preußen –, wird oft auf die römischen Gründer der Garnisonsstadt Colonia Claudia Ara Agrippinensium zurückgeführt. Das Dolce Vita ist daher auch nichts, was der Kölner erstmals in der Nachkriegs-Wirtschaftswunder-Zeit der fünfziger Jahre erlebte, sondern es stellt vielmehr ein seit Jahrhunderten erprobtes Selbstverständnis dar. Das kölsche Laisser-faire, der Hang zum ständigen Feiern, der arbeitsame Schwaben zur Weißglut treiben kann, löst in Wahrheit Konflikte, eint im Karneval, hilft bei Finanznöten und spart Therapeuten. Entsprechend heißt es im Schlager der kölschen Kultband Bläck Fööss: »Drink doch ene met, stell dich nit esu an, du stehs he die janze Zick erüm. Hässt du och kei Jeld, dat is janz ejal, drink doch met un kümmer disch net drüm.«

Das ist nicht frei von Tiefsinn, sondern vielmehr oft hochphilosophisch. Wie besser könnte man wohl ausdrücken, nicht aus seiner Haut herauszukönnen, als es das Kölner Urgestein Willy Millowitsch in seinem Lied »Ich bin ne kölsche Jung, wat willste mache« formuliert? Die kölschen Lebensweisheiten, mitunter auch verantwortlich für eine gewisse Tendenz zum Sich-hängen-Lassen und zum klüngelhaften Gesetzesbruch, können als reißfeste Leitfäden im Leben dienen. Jede Jeck is anders? Ja. Beim Küssen oder, wie der Kölner sagt, beim Bützen hilft diese Erkenntnis enorm weiter.

# Küssen in Köln – die wahre Passion

Bützen ist Brauchtum in Köln. Und anders als viele langsam aussterbende Traditionen wie Flönz (Blutwurst) essen, Kölsch sprechen oder in den Gottesdienst gehen steht das Bützen bei Jung und Alt nach wie vor hoch im Kurs. Allerdings gilt es hier, lokale Gepflogenheiten zu beachten. Für den Zugereisten oder Imi mag ein Spruch wie »Küss de hück nit, küss de morje« die tröstliche Botschaft vermitteln: Wenn man heute niemanden zum Küssen abkriegt, dann eben am nächsten Tag. Tatsächlich aber bedeutet »küss« im kölschen »kommen« und beschreibt in diesem Fall die lässige Art kölscher Zeitplanung.

Küssen heißt op Kölsch »Bützen«, Kuss »Butz« oder »Bützje«, wobei das gemeine Bützje nicht grundsätzlich mit einem liebestollen Kuss gleichzusetzen ist, sondern eine Unterart der Gattung des Kusses darstellt. Das Bützje bezeichnet streng genommen ein kleines Küsschen, das besonders im Kölner Karnevalstreiben mit geschlossenen oder geöffneten Lippen irgendwo zwischen Mund und Wangen rege verteilt wird. Ein sexueller Akt ist das noch nicht, Fremdgehen schon gar nicht. Lewe un lewe losse … Der Kölner sieht ein unbeschwertes Bützjen vielmehr als Zeichen seines Frohsinns, seines Hangs zum Dolce Vita. Es kann dabei in seiner ritualisierten Form in der Tat ein ganz unverbindliches Ereignis sein. Bützje bilden eine Möglichkeit, aus dem Alltag auszubrechen, vielleicht auch einen Seitensprung harmlos vorzubereiten. Während der Karnevalsumzüge ist es in Köln als Frau üblich, sich mit einem solchen Küsschen erkenntlich zu zeigen, wenn man von einem der Männer mit einem »Strüßje«

(einem kleinen Blumenstrauß) bedacht wurde. Dies erklärt wohl auch den Umstand, dass so viele Kölner Männer auch im hohen Alter noch dazu bereit sind, sich in enge Uniformen und Strumpfhosen zu zwängen und rituell ihre Hinterteile aneinanderzureiben (das sogenannte »Stippefötche«).

Und natürlich – wie könnte es auch anders sein – findet sich das Bützen auch im karnevalistischen Liedgut wieder. Unlängst ließen De Räuber in einem ihrer Lieder verlautbaren: »Kölsche Junge bütze joot, wie die Stars in Hollywood«, was selbstredend mit der Aufforderung an die weibliche Bevölkerung einhergeht: »Mädche rötsch jet her zu mir, wenn do wills, ich zeich et dir.« Für die Gruppe De Boore bedarf es dieser Belehrungen für das schöne Geschlecht keineswegs: »Kölsche Mädche künne bütze«, verkündet ihr Karnevalsschlager ohne Wenn und Aber. Die Kuss-Qualitäten des oder der Kölschen scheinen demnach über jeden Zweifel erhaben. Man könnte mit dem Trizonesien-Lied von Karl Berbuer (1949) festhalten: »Wir sind zwar keine Menschenfresser, doch wir küssen umso besser!« Und nicht zuletzt im Bühnenprogramm Walter Bockmayers manifestiert sich das Küssen als zentrales urkölsches Thema: »Jebütz weed immer.«

Genauso wenig, wie sich Karneval in Köln auf die wenigen Tage im Februar oder März beschränken lässt, ist es dem Kölner zuzumuten, etwa nur am 6. Juli, dem alljährlichen Tag des Kusses, diesem schönsten aller Hobbys zu frönen. Das Bützen spielt für den Kölner eine derart elementare Rolle, dass es in seinem Sprachgebrauch fest verankert ist: Beim Ausspruch »Ich künt dich büze« bringt der Domstädter seine Freude über den Anblick eines geliebten Anderen zum Ausdruck. Aber auch leichte Verstimmungen lassen sich in Kuss-Metaphern kleiden. Glaubt jemand seinem Gegenüber nicht, so wird diesem schon einmal entgegengehalten: »Dich hät wull e Pääd jebützt!« (Dich hat wohl ein Pferd geküsst!) Es existiert auch das folgende Sprichwort »Butz widder Butz«, was im alttestamentarischen Sinne »Auge um Auge« so viel wie »Wie du mir, so ich dir« bedeutet.

Man sieht: Mögen alle Wege nach Rom führen – alle Küsse führen jedenfalls nach Köln. Aber wir wollen es nicht übertreiben. Mag der Kölner dem Küssen mit seinen verschiedenen Unterarten auch eine neue Linie gegeben haben, erfunden hat er es nicht. Das geschah wohl irgendwo im Neandertal. Ausgerechnet nahe Düsseldorf. Nun ja: Die Wiege des Homo sapiens liegt dort gleichwohl nicht. Die liegt natürlich in K…

# Kölner Kuss-Art(en)

Elftausend oder vielleicht auch nur elf Jungfrauen (nicht umsonst gibt es das kölsche Sprichwort »Dat es jerechnet wie de elfdausend Jungfraue zo Kölle«) segelten im 4. Jahrhundert nach Christus unter Führung der bretonischen Königstochter Ursula auf dem Rhein. Ein aufsehenerregender Tross und in diesen kriegerischen Zeiten mit Sicherheit keine gute Idee. Zumal man auch noch den greisen Papst Cyriacus im Schlepptau hatte. Als sich der Tross Köln näherte, wurden sie rasch von weibstollen Hunnen attackiert. Ursula, den Tränen nah, lehnte des Hunnenkönigs Heiratsofferte ab und rief stattdessen die Engel herbei, die sogleich einen Pfeilhagel auf die Hunnen-Horde niederprasseln ließen. Zwar erwischte es unglücklicherweise auch Ursula, doch die Stadt Köln war ihr seitdem dankbar und kürte sie zu ihrer Schutzpatronin.

Die elf Tränen im Wappen der Stadt Köln (vielleicht auch elf Hermelinschwänze als Zeichen bretonischen Adels) erinnern fortan an Ursulas Passion. Die folgenden elf Kapitel von Kussvarianten, verortet an Stellen mit signifikanter Kussrelevanz und mit streng wissenschaftlichen Methoden erhoben, lehnen sich an die für Köln so bedeutsame Zahl an. Die Elf steht für Freud und Leid (am 11.11. um 11.11. Uhr beginnt die jecke Zeit), für (Elfer-)Rat und Tat, für eine Stunde vor zwölf, in der man sich's noch einmal so richtig gut gehen lassen kann …

Ursula wollen daher auch wir zur Schirmherrin unseres Buches küren.

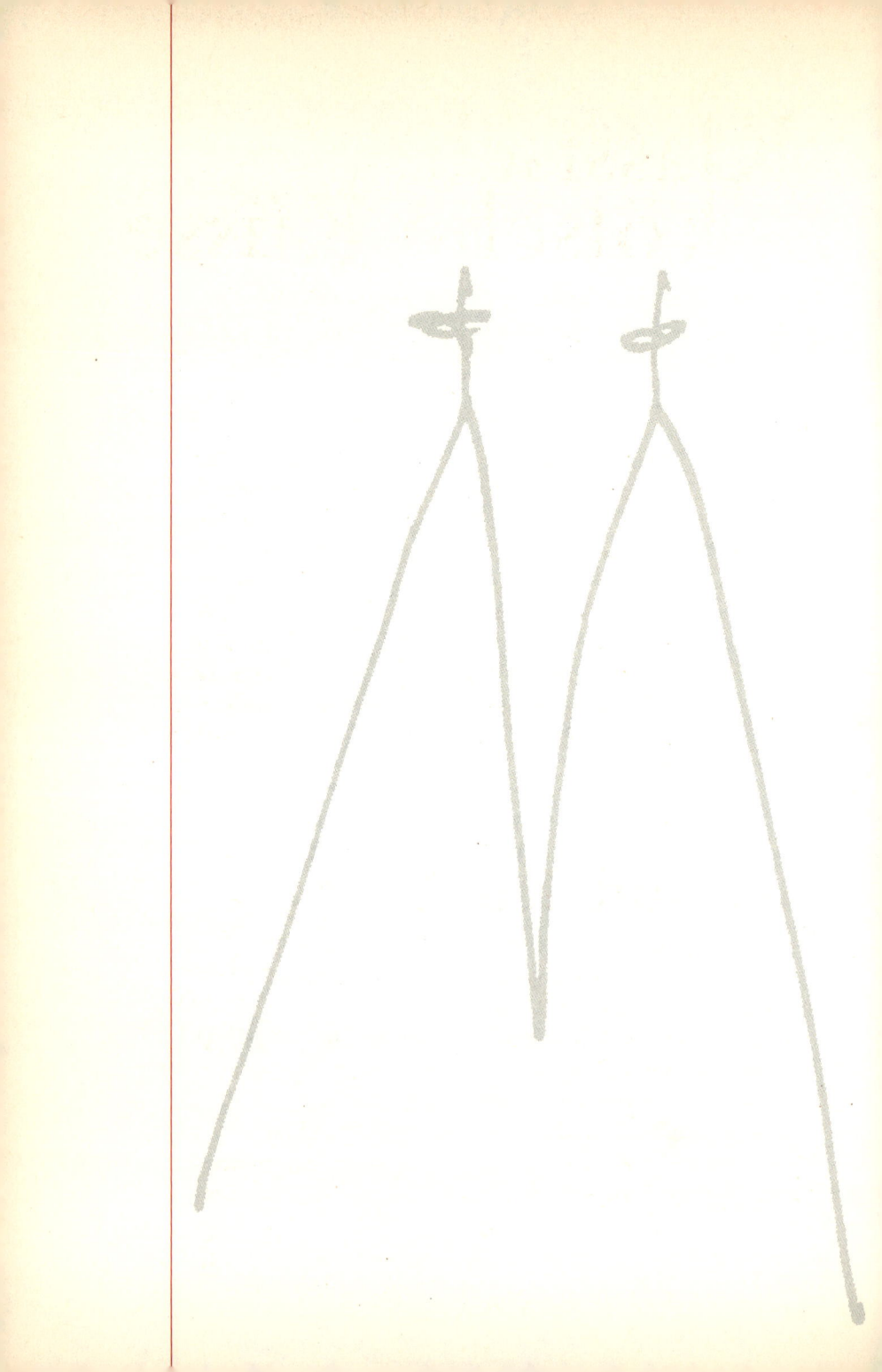

# Klassisch kölsche Küsse

Was soll ein Tourist fotografieren, wenn er durch Köln geht? Den Dom? Den Rhein? Das Römisch-Germanische Museum? Natürlich. Aber damit Eindruck schinden daheim bei der Diavorführung? Eher nicht. Wir schlagen daher etwas anderes vor, etwas ganz Besonderes, das den Dom und das andere obligatorische Fotomotiv-Programm zwar enthält, es aber um Menschliches, Allzumenschliches bereichert. Wir bieten elf Schnappschüsse, die typisch Köln und typisch Kuss sind. Die also Lippen-Bekenntnisse mit berühmten Kölner Hintergründen verbinden und damit echte kölsche Kuss-Klassiker darstellen:

## 4711 Duft-Küsse

Es liegt was in der Luft … Nicht nur der Orient, auch der Okzident hat einiges zu bieten. Und da Köln bekanntlich das (Kultur-)Zentrum der westlichen Hemisphäre ist, hat die Stadt einen Ruf zu verteidigen. Statt 1001 Küsse in 1001 Nächten wollen wir euch zur doppelten, ach: vierfachen Kussration an einem einzigen Tag animieren. Und wo ließe sich dies besser realisieren als vor dem

*Es liegt was in der Luft, ein ganz besonderer Kuss …*

Hauptsitz jener Marke, die ihren Namen einem administrativen Willkürakt verdankt: dem Haus des weltberühmten Eau de Cologne 4711 an der Glockengasse 4.

Als die Franzosen 1794 Köln besetzt hielten, waren sie entsetzt über das Wirrwarr mittelalterlicher Gassen und Gässchen in der Domstadt. Eine Kölner Kommission beschloss, dem Chaos ein Ende zu setzen und die Häuser stur durchzunummerieren. Daraufhin erhielt das Haus an der Glockengasse seine berühmten vier Ziffern. Auf die Idee, diese als Marke zu nutzen, kam man jedoch erst fast hundert Jahre später. Ferdinand Mülhens gründete 1881 die Firma »Eau de Cologne & Parfümerie Fabrik Glockengasse 4711 gegenüber der Pferdepost von Ferd. Mülhens in Köln am Rhein«.

■ 4711. Glockengasse 4.
KVB-Haltestelle:
Dom/Hauptbahnhof oder
Appellhofplatz.

Stellt euch also vor das schmucke Gebäude im neugotischen Stil, bittet einen Passanten, euch zu fotografieren, und ersetzt das alberne Lächeln auf 0815-Fotos durch einen 4711-Kuss. Wer zur vollen Stunde kommt, kann sogar zum Klang des Glockenspiels küssen. Die französische Nationalhymne, die »Marseillaise«, erinnert an die Besatzungszeit, und beim traurigen Lied vom »Treuen Husar«, der sein Schatzliebchen verliert, könnt ihr euch eng umschlungen so richtig hingeben und hoffen, dass eure Liebe kein Ende mehr nimmt.

# Geistvoll küssen

Dass es Nonnen in sich haben können, wissen wir spätestens seit Hildegard von Bingen: jener Adeligen, die im Mittelalter zur Äbtissin aufstieg und nicht nur über Gott und die Welt, sondern recht freimütig auch über sexuelle Praktiken schrieb – wenn auch bei anderen. Alkohol und Kloster sind ebenfalls zwei Begriffe, die sich gut vertragen – haben die Mönche in ihren Kellern doch seit eh und je so manchen guten Hopfen gebraut und so manch schmackhafte Rebe gekeltert. In vino veritas – et deus.

Auf dem angrenzenden Gebiet der alkoholischen Heilgetränke hat sich auch in der Domstadt eine Nonne hervorgetan. Die in Brüssel geborene Maria Clementine Martin vom Orden der Annunziatinnen in Köln erfand um 1825 ein, wie sie in ihrer ersten Werbeanzeige schrieb, »sich selbst empfehlendes echtes Kölnisch Wasser [ … ] die große Flasche zu 6 Silbergroschen, 3 Pfennig«. Dieses Getränk erlangte dank einer groß angelegten Werbekampagne in den achtziger Jahren mit einem eigentlich doch recht sperrigen Namen Weltruhm: »Klosterfrau Melissengeist«. Der alkoholische Auszug aus Kräutern und Heilpflanzen ist *das* Erfolgsrezept des gleichnamigen Unternehmens mit Stammsitz in Köln, das 530 Mitarbeiter beschäftigt, um den heilenden Geist der Tinktur in aller Herren Länder zu verbreiten.

■ Melatenfriedhof zwischen Aachener Straße im Süden, Piusstraße im Osten, Oskar-Jäger-Straße und Melatengürtel im Westen sowie Weinsbergstraße im Norden. KVB-Haltestelle: Melaten oder Weinsbergstraße/Gürtel. Öffnungszeiten: im Sommer (1.4. bis 31.10.): 7 bis 20 Uhr, im Winter (1.11. bis 31.3): 8 bis 17 Uhr.

Dem Geist der alchimistisch begabten Nonne wird man vielleicht am nächsten sein an ihrem Grab auf dem Melatenfriedhof, dessen eher schlicht gehaltener Grabstein ein großes Kreuz zeigt. Gebt euch also vor Clementines letzten Ruhestätte mit der nötigen Andacht einen schüchternen Kuss, der von einem Foto eingefangen und verewigt wird. Wohl bekomm's. Gott vergelt's.

# Küsse im Arm der kölschen Froh- und Urnatur

Heinrich Böll, der große, so (köln)kritische Kölner Dichter und Literaturnobelpreisträger, hat es nicht bekommen, bis heute nicht. *Er* schon. Dass Willy Millowitsch ein Denkmal in Köln gesetzt werden würde, war klar. Dass es *ihm* jedoch bereits zu Lebzeiten errichtet wurde … eigentlich auch. Denn er war so typisch kölsch, dass Köln ihn hätte erfinden müssen, wenn es ihn nicht schon gegeben hätte: Willy Millowitsch. »Ich ben ne kölsche Jung« wurde sein berühmtester Schlager, sein Millowitsch-Theater eine Institution. Jeden Tag auf der Bühne, gut gelaunt und gute Unterhaltung bietend, und das über siebzig Jahre lang. Dass Köln mit dem Tod dieses urkölschen Originals gleich mit verschwinden würde, war eine reale Gefahr. Der Volksschauspieler Willy Millowitsch, 1909 geboren, ist 1999 gestorben, und Köln ist geblieben – aber es wird doch nicht mehr das sein, was es mit einem seiner berühmtesten Söhne war: Willy, m'r verjesse dich nit!

■ Willy-Millowitsch-Denkmal am Eisenmarkt. KVB-Haltestelle: Heumarkt.

Trösten über Millowitschs irdisches Verschwinden kann man sich passenderweise in seinem Arm. In der Altstadt am Eisenmarkt sitzt er seit 1992 in Bronze lässig auf einer Bank, den rechten Arm einladend ausgestreckt.

Setzt euch also zu ihm und gebt euch vor der blitzbereiten Kamera ein Bützchen. Willy wird's verstehen, sang und spielte er doch auf seine eigene lustig-verschmitzte Art oft genug über die Liebe.

## Küsse im Angesicht eines Kölsch-Generals

# Köbes

Stattlich sieht er aus mit seiner bis zum Boden reichenden Schürze aus blauem Leinen samt ledernem Geldbeutel – und stolz ist er auch: der Köbes (rheinische Form von Jakob), jener urkölsche Mundschenk in einer der zahlreichen kölschen Brauereien.

Die Autoren dieser Zeilen, selbst Imis, haben es bitter erfahren müssen: Mit ihm ist nicht zu spaßen, wenn es um seine Berufsehre geht. Da saß man, noch neu in Köln, an einem bierseligen Abend mit anderen Zugereisten in einem dieser

Brauhäuser am Tisch und kam auf die Idee, einen der Deckel zu bearbeiten, die dem Kellner gewöhnlich als Strichliste dienen. Der kleine Knick war nicht weiter schlimm, der Bierdeckel noch heile, aber der Köbes stürmte zum Tisch und rief: »Dat is en Dokument! Dat is Dokumentzerstörung! Jawoll!«

Der eingeworfene Scherz bei der Bezahlung, dass man von diesem »Dokument« nun gern eine Fotokopie hätte, verfing nicht. Seitdem konzentrieren wir uns in einer kölschen Brauerei aufs Trinken – und achten die Lufthoheit des Köbes.

Begebt euch in einen dieser urkölschen Biertempel, stellt euch neben oder hinter den Zeremonienmeister und tauscht vor laufender Kamera einen Kuss, der kölscher nicht sein kann.

Unsere Empfehlung: das über 100 Jahre alte Früh am Dom, das touristische Highlight im Winter wie im Frühling, für den Köln-Frisch- und -Neuling, aber auch für den Alteingesessenen. Wer es etwas abseits von den üblichen Touristenpfaden mag, dem sei das Päffgen in der Friesenstraße empfohlen. Hier findet sich sogar ein perfekt englisch sprechender Köbes, der gern davon erzählt, wie er seine Frau in England kennen- und lieben gelernt hat.

■ Brauhaus Früh am Dom. Am Hof 12–16. KVB-Haltestelle: Dom/Hauptbahnhof. Im Internet: www.frueh.de
■ Brauhaus Päffgen. Friesenstraße 64–66. KVB-Haltestelle: Friesenplatz. Im Internet: www.paeffgen-koelsch.de

# Kopflos werden 1

An der Rentkammer am Gülichplatz lässt es sich klassisch-kölsch-historisch küssen: Der Namensgeber des Platzes, Nikolaus Gülich, hatte 1686 in Köln seinen Kopf verloren. Die Liebe war diesmal nicht im Spiel, sondern die Politik.

Da Gülich immer wieder die Korruption im Rat der Stadt Köln anprangerte und schließlich sogar zur Rebellion aufgerufen hatte, sollte sein Name aus der Geschichte verschwinden. Nach der Hinrichtung von Gülich und anderen Aufständischen auf der Mülheimer Heide setzte der Rat alles daran: Selbst sein Wohnhaus wurde niedergerissen und an dessen Stelle eine Schandsäule mit den Gesichtszügen des Rebellen errichtet.

■ Gülichplatz in der Altstadt. KVB-Haltestelle: Heumarkt.

Aber der gute Gülich erwies sich als hartnäckiger als gedacht. Und wie das so mit Schandmalen ist: Sie fallen auf. Außerdem liebt der Kölner derlei Histörchen mit einem kleinen Schuss Schauder einfach zu sehr, um sie dem Vergessen anheimfallen zu lassen. Also gab man dem Gülichplatz Ende des 18. Jahrhunderts offiziell seinen Namen wieder, den er im Gedächtnis der Kölner ohnehin immer gehabt hatte. Gülichs Kopf liegt übrigens immer noch da – allerdings aus Bronze.

Positioniert euch also am Platz des Kölner Rebellen und freut euch, während ihr euch innig küsst und fotografieren lasst, schon auf die schaurig-schöne Geschichte, die ihr zu diesem Bild erzählen könnt.


# Kopflos werden 2

Es wäre einfach nicht fair, ihn vollkommen links liegen zu lassen. Das Problem ist nur, dass selbst die Legende furchtbar wenig über ihn zu erzählen weiß: Der heilige Gereon, angeblich ein Offizier der Thebäischen Legion, soll um 300 nach Christus wegen seines christlichen Glaubens mit zahlreichen Gefährten hingerichtet worden sein. Dass er dabei seinen Kopf verlor, machte ihn zum Patron gegen Kopfschmerzen, dass sein Märtyrertod nahe bei Köln geschah, ließ ihn zum – nach Ursula – zweiten Schutzheiligen der Domstadt avancieren. Den enthaupteten Leib warfen seine heidnischen Soldatenkollegen hernach vor den Mauern der Stadt in einen Brunnen, über dem Kaiserin Helena, Mutter Konstantins des

Großen, ein Gotteshaus erbaute, dort, wo nun die Kirche St. Gereon ihren angestammten Platz innehat. Und noch heutzutage ist Gereon in Köln ein recht beliebter Vorname (Namenstag: 10. Oktober). Welche Bedeutung der Name hat, ist indes genauso ungesichert wie die Legende. Der recht imposante Kopf des heiligen Gereon vor der nach ihm benannten Kirche eignet sich als schönes Fotomotiv. Ein zarter Kuss davor mag euch vor Kopf- und Herzschmerzen bewahren.

■ St. Gereon. Gereonsdriesch 2/4. KVB-Haltestelle: Christophstraße/Mediapark.

## Möge die Erde dir leicht sein ...

Ein Muss in Köln ist das Römisch-Germanische Museum, das zu den bekanntesten städtischen Museen zählt und sich bereits vor dem Eingang an der hinteren Domplatte mit viel Stein präsentiert. Draußen flitzen Skater umher, die den etwas versteckten Eingangsvorhof als Übungsplatz nutzen und die geschichtsschwere Atmosphäre mit waghalsigen Luftsprüngen auflockern. Drinnen lässt sich das nicht immer freundliche, aber rege Verhältnis zwischen Römern und Germanen anhand vieler archäologischer Funde erfahren. Wer das gesehen hat, bekommt ein Gefühl dafür, warum Köln so mediterran, so »italienisch« ist. Glanzpunkte sind die weltweit größte Sammlung römischer Gläser sowie eine herausragende Kollektion römischen und frühmittelalterlichen Schmucks. Zahlreiche Funde zum römischen Alltagsleben machen dem Besucher die römische Stadt Colonia Claudia Ara Agrippinensium, aus der Köln entstanden ist, greifbar. Ein Highlight, nicht nur für Steinmetzgesellen, sind die römischen Grabsteine. In einen

*Brot, Spiele – und Küsse: Wo Römer auf Germanen treffen und Lippen auf Lippen ...*

■ Römisch-Germanisches Museum. Roncalliplatz 4. KVB-Haltestelle: Dom/Hauptbahnhof, Öffnungszeiten: 10 bis 17 Uhr (montags geschlossen). Im Internet: www.museenkoeln.de/roemisch-germanisches-museum

davon hat ein Adliger für seine verstorbene Frau den unsterblich schönen Satz meißeln lassen: »Sit tibi terra levis« – »Möge die Erde dir leicht sein«. Da sage noch mal einer, die Römer hätten nur Sinn fürs Praktische gehabt, nicht aber für Poesie!

Träumt euch zurück in eine Zeit, in der es weder Strom noch Internet oder Fernsehen gab. Eine Zeit also, in der Zerstreuung an den um die hundert Feiertagen in Rom auf andere Weise gefunden werden musste. Wandelt als römische Patrizier durch euren Steingarten, sucht den besagten Grabstein und einen Ablichtungswilligen, denkt daran, dass wahre Liebe jeden Tod besiegt, und dann: Möge das Küssen euch leicht sein.

# Fisch dir einen

Nein, Köln liegt nicht am Meer, auch wenn seine Bewohner es mit Blick auf *ihren* gewaltigen Fluss zuweilen glauben mögen. Aber eine solch südländische Metropole wäre nur die Hälfte wert, hätte sie nie einen richtigen Fischmarkt ihr Eigen nennen können. Der mittelalterliche Fischmarkt zwischen Lint- und Mauthgasse in der heutigen Altstadt bot den Kölner Bürgern zumeist aus Holland stammenden Fisch drei Tage lang zum Verkauf an: Heringe und Lachs, Bücklinge und Salzfische und, für schon damals lokalpatriotisch justierte Esser, auch frischen Rheinfisch. Seit dem 13. Jahrhundert konzentrierte sich das Marktgeschehen auf das Gelände zwischen dem Chor der Kirche Groß St. Martin und der mittelalterlichen Stadtmauer. Ob sie tatsächlich fesch waren, die kölschen »Feschwiever« (Fischfrauen), lässt sich heute nicht mehr beurteilen. Laut waren sie sicherlich: Das Geschrei von Marktfrauen, Zwischenhändlern (»Feschmergern«) und Kunden muss ohrenbetäubend gewesen sein, von der Duftnote des Marktes ganz zu schweigen. Wie gut, dass Fische recht stumme Gesellen sind.

Im 19. Jahrhundert verlagerte sich der Fischverkauf dann mehr und mehr in Ladengeschäfte, sodass Köln über keinen wirklich nennenswerten Fischverkauf auf offener Straße mehr verfügt. Aber wer auf dem Fischmarkt die Ohren spitzt und die Augen schließt, wer seiner Fantasie freien Lauf lässt, der kann zu

■ Fischmarkt. Zwischen Anfang des Buttermarktes in Höhe der unteren Lintgasse und dem Ende der Mauthgasse in der Altstadt. KVB-Haltestelle: Heumarkt.

einer stillen Stunde, vielleicht um Mitternacht, vor dem von Rainer Walk gestalteten Brunnen der Fischweiber noch immer all den Klatsch und Tratsch, all das Witzige und Wichtige, Närrische und Nichtige hören, das Köln so unverwechselbar gemacht hat und immer noch macht. Wer noch keinen Partner hat, der fische sich eben einen und führe ihn zu diesem Markt mit seinen schönen spitzgieblingen Häusern. Stellt euch vor das mittelalterliche Stapelhäuschen, stapelt ruhig hoch in eurem Kussgenuss und lasst euch ablichten. Wer sich mit Vorstellungskraft auf die Sprünge helfen will, dem empfehlen wir Frank Schätzings Köln Krimi »Tod und Teufel«, in dem das mittelalterliche Markttreiben auf dem Fischmarkt durch eine wilde Verfolgungsjagd wieder zum Leben erweckt wird. Der Fischmarkt gehört übrigens zu den meistfotografierten Kölner Orten und darf auf fast keiner Köln-Postkarte und somit auch bei euch nicht fehlen.

# Sich wappnen

In unserer kleinen Kuss-Fotostrecke fehlt noch ein Symbol, das für jede Stadt wichtig ist, so auch für Köln: das Stadtwappen. Holt es euch ins Bild, zum Beispiel vor der Ursulakirche am Ursulaplatz. Dort flattert die Fahne mit den Insignien der Stadt im Winde, und um dem Ganzen noch eins draufzuset-

■ St. Ursula. Ursulaplatz 24.
KVB-Haltestelle: Dom/Haupt-
bahnhof. Im Internet:
www.gemeinden.erzbistum-
koeln.de/ st_ursula_koeln/
Besonders schön, weil weiß-rot-
farbenprächtig und – ganz wichtig – ohne den unbeliebten Reichs-
adler, sind die Wappen an den
Wohnhäusern Subbelrather Straße
282 und Simarplatz 6 in Köln-
Neuehrenfeld.
Ebenfalls farbig und noch dazu
siebeneckig sowie mit nach links
zeigenden Tränen/Hermelinen:
das Wappen am Friesenwall 130.
Im Gasthaus am Dom, Trankgasse 7/9, lässt sich dreierlei verbinden: Wappen schauen, Kölner
Alltagsinsignien konsumieren
(Kölsch) und natürlich küssen.

zen, hat man auf dem Kirchturm die Krone der frommen Königstochter platziert.
Kirche, Kölnwappen, Krone, kurzum:
Symbolik satt. Hier braucht es nur noch
ein letztes K … Na? Richtig. Und wenn
ihr schon hier seid, ein heißer Tipp: Besucht die Goldkammer der Ursulakirche.
Ein unvergessliches Erlebnis!

## Köln ist, wo der
# Dom steht

Und wieder er. Wie oft ist er besungen,
bedichtet, gemalt, fotografiert, begangen,
erkundet, erinnert, wiederentdeckt, er-
neuert, zelebriert, angebetet und, ja, auch
verspottet worden. Dass er niemals fertig
werde, hat der Dichter Heinrich Heine
1844 in seinem Versepos »Deutschland.
Ein Wintermärchen« verkündet (»*Er wird nicht vollendet, trotz
allem Geschrei / Der Raben und der Eulen, / Die, altertümlich ge-
sinnt, so gern / In hohen Kirchtürmen weilen*«), und damit hat er
ebenso richtig- wie falschgelegen. Falsch, weil er nach
tausendjähriger Bauzeit ja da steht in seiner (oder
ihrer?, schließlich ist es ja in erster Linie eine
Kirche) ganzen grau melierten, altmeisterlichen
Pracht. Und richtig lag Heine mit seiner Be-
hauptung vom immerwährenden unvollendeten
Zustand des Doms, nicht nur weil dieses Bauwerk
bis zum heutigen Tag keine Stunde ohne Baugerüst erlebt hat. Er hatte auch insofern recht, als der Kölner mit dem
Dom auch innerlich niemals fertig werden *kann*. Ist er doch
das Zentrum der kölschen Seele – und damit der Welt. Für

*Sich Dom
und dämlich
küssen …*

28

einen echten Kölner können da selbst die Pyramiden einpacken. Auch wenn wir also an dieser Stelle versprechen, dass wir fertig sind mit Geschichten über ihn (oder sie) – so glaubt uns nicht. Ein Foto und ein Kuss vor diesem so bekannten und doch immer wieder erstaunlichen Riesenwerk dürfen und können sich gar nicht vermeiden lassen. Wie eine Pflichtaufgabe sollte es dennoch nicht aussehen. Gebt also alles und küsst euch Dom und dämlich …

■ Kölner Dom. Domplatz. KVB-Haltestelle: Dom/ Hauptbahnhof. Im Internet: www.koelner-dom.de

# R(h)einfahren

Der Rhein. »Deutschlands Strom, aber nicht Deutschlands Grenze«? Da, wenigstens, hatte der nationalistisch angehauchte Dichter Ernst Moritz Arndt ganz recht, wenn auch anders als von dem alten Franzosenfeind gedacht. Der »Nil Europas« kümmert sich nicht um Grenzen, fließt ganze 1324 Kilometer einfach hindurch von den Alpen bis zum Bodensee, durchquert die Schweiz und die Niederlande, strömt durch Frankreich, Österreich, Deutschland – und Köln. Verirrt hat er sich nur einmal in seinem langen Leben, als er dummerweise beschloss, an Düsseldorf vorbeizufließen. In Köln, natürlich, schlägt sein Herz, liegt sein Fließ- und Strömzentrum, hier ist er geboren, hier auch wird er zuletzt versiegen, wenn einmal Wüstenei gekommen sein wird über die Erde. »Der Rhein ist der Fluss, von dem alle Welt redet und den niemand studiert, den alle Welt besucht und niemand kennt«, schrieb der französische Dichter Victor Hugo 1845. Also statt langer Reden wollen wir im Folgenden Reedereien anbieten, auf deren Rhein-Booten Küssende allen Reden ein Ende machen können.

■ Köln-Düsseldorfer Rheinschifffahrt. Die Schiffe legen beispielsweise zwischen Hohenzollernbrücke und Deutzer Brücke an und bieten eine Vielzahl von Touren an. Im Internet: www.k-d.com Eine Liste der Rheinfähren vom Hoch- bis Mittel-, Ober- und Niederrhein lässt sich zum Beispiel unter http://www.rheintal.de/ index.php?id=63 einsehen.

# Abgetaucht – Abgedreht – Abgehoben

Das kölsche Jemööt, nicht allein an Karneval zwischen himmelhochjauchzend und erdenschwerbetrübt wechselnd, zieht es gern hoch hinaus, und doch sinkt es immer wieder auf den nackten Boden der Tatsachen. Selbst in kölschen Lokalgerichten kommt diese Dualität zum Ausdruck: In »Himmel un Ääd«, dem traditionellen rheinischen Gericht, werden gestampfte Erdäpfel (Kartoffelpüree also) und Apfelmus mit gebratener Blutwurst und Zwiebeln gereicht.

Sonderlich sind die Stimmungen des Kölner Seelenbruders. Ganzjährig trällert er Karnevalslieder und verschreckt den einen oder anderen Imi, nur um ihn fortan mit diesem ganz speziellen Virus rheinischen Frohsinns anzustecken. Diesen stetig wechselnden Gemütszuständen möchte das folgende Kapitel entsprechen, mit Vorschlägen für abgetauchte, abgehobene und natürlich auch abgedrehte Küsse.

## Erhaschte Küsse

Wasser hat schon immer eine zentrale Rolle im Leben der Kölner gespielt. Jahrhundertelang drehte sich in Köln wirtschaftlich alles um das lebensspendende Nass als Transport-

und Handelsweg – ob nun zu Zeiten der Römer oder der Hanse. Auch als Basis des allseits so beliebten alkoholischen Durstlöschers mit dem angeblich so hohen Wassergehalt (Kölsch) oder als Feuerlöscher war das Wasser in Köln lange schon sehr wichtig. Als Hygiene-Utensil erlangte es zeitweilig sogar Weltruhm, vor allem als Hauptbestandteil des Eau de Cologne. Das wie immer sehr bündige und auch höchst bescheidene Fazit der Kölner dazu lautet: »Dat Wasser vun Kölle is jot.«

Wenn euch an einem Sommertag nach einer Abkühlung ist, dann gibt es nichts Schöneres, als sich auf einem der Kölner Wasserspielplätze heiße Küsse abzuholen. Inmitten jauchzender Kinder, die durch Wasserdüsen und -duschen tollen. Ohne viel Wenn und Aber könnt ihr ebenfalls juchzend – voll bekleidet oder auch in etwas leichterer Aufmachung – in den Wassernebel eintauchen und euch nasse Küsse erjagen.

*In den Wassernebel eintauchen und nasse Küsse erjagen …*

■ Wasserspielplätze finden sich im Grüngürtel zwischen Venloer und Vogelsanger Straße (näher an der Venloer Straße), KVB-Haltestelle: Hans-Böckler-Platz, sowie im Nippeser Tälchen, KVB-Haltestelle: Florastraße.

## Op dem Maat

Eine angesagte Kuss-Location im erst 1888 eingemeindeten Veedel Nippes ist der Markt auf dem Wilhelmplatz. Hier bekommt man an sechs Wochentagen vom Morgengrauen an tausendundeine wohlschmeckende Köstlichkeit und auch viele andere Artikel des täglichen Bedarfs.

Ungewöhnliches Highlight des Platzes: An einer Seite befindet sich eine Tribüne, wie man sie sonst eher aus römischen Amphitheatern kennt. Hoch oben auf dieser Empore könnt ihr es euch werktags mit euren soeben erstandenen

■ Wilhelmplatz. KVB-Haltestelle: Neusser Straße/Flora.

Köstlichkeiten zu zweit bequem machen und in jeder Hinsicht genüsslich schlemmend dem geschäftigen Markttreiben zuschauen. Lasst euch gemeinsam den Nachgeschmack auf den Zungen zergehen. An Sonntagen lockt hier übrigens auch oft ein Flohmarkt.

# Eintauchen in
## Karnevals-Kuss-Brunnen

Ein absoluter Eau-de-Cologne-Klassiker ist der in der Altstadt gelegene Willi-Ostermann-Brunnen. 1939 wurde er in Erinnerung an den berühmten Volksliederdichter und -sänger aufgestellt und 1997 generalüberholt. Viele verbinden mit Ostermann heimatliche Karnevalslieder und natürlich den Schützengraben-Gassenhauer – oder sollte man sagen, die kölsche Nationalhymne? – »Heimweh nach Köln«. In diesem melancholischen Song wünscht er sich: »Ich möch ze Foß noh Kölle jon«. Neben einer Ostermann-Widmung wurde eine Kuss-Szene mit der Unterzeile »Kölsche Mädcher künne bütze« in den Stein geschlagen. Das lädt doch zum munteren Nachahmen ein! Wer's noch klassischer mag, kann sich sommers im Schatten der Bäume und zu Füßen des Brunnens im Biergarten des Päffgen-Brauhauses niederlassen, um bei süßen Küssen frisch Selbstgebrautes und Frischgezapftes zu konsumieren.

*Berauschend kühle Kuss-Lokalitäten*

Was wohl nur noch wenige in diesem Zusammenhang wissen: Bis vor einigen Jahren fand die Sessionseröffnung am 11.11. traditionell am Ostermann-Brunnen statt. Aus Platzgründen wurde sie dann auf den nahe gelegenen Alter Markt verlegt.

Um eine weitere berauschend-kühlende Kuss-Lokalität handelt es sich beim Fastnachtsbrunnen am Gülichplatz. Als der Brunnen in den zwanziger Jahren des 20. Jahrhunderts dort aufgestellt wurde, zog er sich aufgrund seiner Form schnell den Spott der Kölner zu. Kaum verwunderlich bei diesem eher in südlicheren Gefilden zu vermutenden Namen: »Wäschbütt«, »Spölbütt« oder »Stadtrots-Badewann« nannte ihn die Kölner Schnauze.

Auf den Stufen des Brunnens sitzend, lässt sich heute vom Gülichplatz aus das alte jüdische Ritualbad (die Mikwe) überblicken und den Hochzeitspaaren bei ersten Vermählungsküssen zuschauen. Dreht man sich zum hinter dem Brunnen liegenden Gebäude, so hat man freie Sicht auf alle Heiratswilligen, die zum Standesamt pilgern.

■ Willi-Ostermann-Brunnen. Ostermannplatz. Fastnachtsbrunnen, Gülichplatz. Rote-Funken-Brunnen. Rote-Funken-Plätzchen. KVB-Haltestelle: Heumarkt.

Das alles bietet schöne Momente en masse. Lasst euch von den »Kamasutra-artigen« Kussszenen der Brunnenstatuen leidenschaftlich inspirieren. Abgebildet sind hier die »hillige Knäächte un Mägde«, die sich aneinanderschmiegen und fast berauscht dem gurgelnden Wasser zu lauschen scheinen: genau der richtige Ort, um sich einmal treiben zu lassen, sich innig zu umzuschließen, während kleine Wassertropfen durch die Luft spritzen. Der Fastnachtsbrunnen geht übrigens auf ein Gedicht Goethes zurück, das dieser der Stadt Köln widmete, um sich für eine − von ihm nicht angenommene − Einladung 1825 zum Kölner Karneval zu bedanken:

*»Löblich wird ein tolles Streben,*
*Wenn es kurz ist und mit Sinn;*
*Heiterkeit zum Erdenleben*
*Sei dem flüchtigen Rausch Gewinn.«*

Dass Karneval und Küssen ganz eng miteinander verbunden sind, zeigt auch der liebevoll gestaltete Rote-Funken-Brunnen im Schatten der romanischen Basilika Groß St. Martin auf dem Rote-Funken-Plätzchen. Gerade die Begrenztheit des Platzes fördert die romantische Atmosphäre, und der

Brunnen fordert geradezu zur Inszenierung eines romantischen Kussabenteuers heraus. Hier ist der Mann gefragt: Wie der in Stein gemeißelte Rote Funke soll er auf die Knie gehen und der Frau Handküsse und sonstige Kusspotpourris spenden. Wer sich aufs Rezitieren versteht, der kann auch den dort eingravierten Funkeneid vortragen, der beweist, welch zentralen Anteil das Bützen am Karneval hat:

> *»Bei Öllig, Böckem, ähde Nötz*
> *un bei der rut-wieß Funkemötz*
> *beim hölze Zabel un Gewehr*
> *well treu ich sin dem Fasteleer*
> *well su vill suffe als der Mage*
> *ohn Biesterei kann got verdrage*
> *de Mädcher well ich mich verschrieve*
> *de Bützerei nit övverdrieve*
> *och Knutsche well ich mit Maneere*
> *nor kölsche Mädcher karresseere.*
> *Ne Funk well ich sin von unge bis bove*
> *dat dun ich op de Fahn gelovve!«*

Trotz der räumlichen Beschränkung des Platzes wird hier alljährlich von den »Kölsche Funken rut-wieß vun 1823 e.V.« der Sessionsstart begangen und der Funkeneid geschworen.

# Wipfel-Küsse

Eine der schönsten Kindheitserinnerungen ist sicherlich für viele der Kitzel, Bäume zu besteigen, vielleicht sogar mit einer ersten frühen Kindheitsliebe. Lasst uns wieder jung sein, auf Bäume klettern, lachen, uns im Takt des Windes wiegen und küssen, küssen, küssen!

Begebt euch im Geiste zurück in eure Kindheit, helft euch gegenseitig mit der guten alten Räuberleiter beim

»Aufsitzen«, und dann steigt so weit hinauf, bis euch eure stürmischen Küsse den Atem rauben (achtet auf die Stabilität des Baumes, ihr seid schließlich nicht mehr sieben!). Obwohl es ja in den diversen Kölner Parks eine Vielzahl von Möglichkeiten gibt, möchten wir den Stadtgarten im Belgischen Viertel empfehlen. Hier wiegen sich starke Bäume, die leicht erklettert werden können. Ein Biergarten liegt direkt nebenan. Wem das Hochklettern eine zu schweißtreibende Aktivität ist, der sollte sich auf den dicken gefällten Baumstamm im hinteren Drittel des Parks setzen. Mit beiden Beinen auf der Erde könnt ihr dann losküssen.

Unser Tipp: Wenn ihr vom Stadtgarten aus die Venloer Straße überquert, seht ihr schon auf der anderen Straßenseite einen Biosupermarkt. In der dort befindlichen Bio-Bäckerei könnt ihr sogenannte Schoko-Bützje kaufen. Die könnt ihr euch dann gemeinsam auf der Zunge zergehen lassen.

■ Stadtgarten. Venloer Straße 40. KVB-Haltestelle: Friesenplatz und Hans-Böckler-Platz.

# Nasse Küsse bei sphärischen Klängen

Nasse Küsse lassen sich im bildschönen Ehrenfelder Neptunbad auskosten. Es wurde Anfang des 20. Jahrhunderts erbaut und glänzt im Jugendstil mit wunderschönen Ornamenten, handsignierten Kacheln, Malereien und Glaskuppeln. Das Bad wurde fast achtzig Jahre lang als öffentliche Reinigungsanstalt für Arbeiter, später vor allem als Schwimmbad genutzt. Nach einem knapp ein Jahrzehnt währenden Renovierungsschlaf wurde es 2002 als Fitness- und Wellness-Tempel im ostasiatischen Stil wach geküsst, zu nicht ganz arbeiterfreundlichen Preisen. Besonders empfehlenswert ist ein abendlicher Besuch. Dann wird im gesamten Thermalbad eine Myriade von Kerzen und Räucherstäbchen entzündet, die für einen besonders romantischen Rahmen sorgt. Majestätisch küssen lässt sich's im historischen Kaiserbad. Begebt euch dort in das rund fünf mal zwölf Meter große hüfthohe Becken, das mit angenehm körperwarmem Wasser aufwartet (37 Grad). Mittels Schaumstoff-»Würsten«, besser aber vom Liebsten im Wasser getragen, könnt ihr im Nass schweben und zwischendurch in angenehmster Position Küsse tauschen. Wer den Kopf unter Wasser hält, hört obendrein herrlich entspannende Meditationsmusik.

■ Neptunbad. Neptunplatz 1, Köln-Ehrenfeld, Tel. 0221-71 00 71, KVB-Haltestelle: Körnerstraße. Im Internet: www.neptunbad.de

# Abgedrehte Küsse
## in freier Wildbahn

Eine der Kindheit entspringende Beschäftigung erweist sich als ungewöhnliche, aber definitiv spaßversprechende Kuss-Variation: Dafür begibt man sich auf einen (kleinen) Berg, legt sich auf die Erde nieder und rollt seitwärts hinunter. Gemeinsam durchgeführt verspricht dies doppelten Spaß. Man lege sich aufeinander und halte und sauge sich gut fest. Los geht's!

*Wilde Küsse: Roll-Spiele von Kölner Hügeln*

Nun ist Köln nicht gerade für seine großen Berge und tiefen Täler bekannt. Nur einige wenige Hügel bieten sich als Kuss-Parcours an. Aber Not macht schließlich erfinderisch, und warum sollte es auch so einfach gehen wie damals, als wir Kinder waren? Schöne Orte für Rollküsse bieten sich etwa am belebten Aachener Weiher an. Geht man vom Haupthügel (den See im Rücken) links hoch, so kann man die Hänge wunderbar hinunterpurzeln. Auch im Parkstück, das in die Neusser Straße/Ecke Innere Kanalstraße mündet, wurde ein Hügel aufgeschüttet, der zum Austoben einlädt. Wer es etwas stylischer und weniger wild möchte, dem bietet sich das Colonius Carré an der Ecke Innere Kanalstraße/Subbelrather Straße an. Auf dem dort angelegten künstlichen Minihügel kann man seine Liebste/n mitten in der Großstadt auf den »Gipfel« tragen und, auf dem Höhe-Punkt angekommen, nach Herzenslust austoben.

# Küsse, abgehoben

Ein Erlebnis der besonderen Art ist die Fahrt mit der einzigen Kölner Seilbahn. Sie führt vom Kölner Zoo auf die andere Rheinseite, Richtung Claudius Therme. Seit 1957 bis 2006 hat sie über 14 Millionen Menschen transportiert. Weil all dies ohne Unfall geschah, gilt die Rheinseilbahn als Kölns sicherstes Verkehrsmittel. Bundespräsident Theodor Heuss und der Bundeskanzler Konrad Adenauer, bekanntlich ein Kölner, zählten zu den ersten Fahrgästen, als die Bahn am 26. April 1957 zur Eröffnung der Bundesgartenschau in Betrieb genommen wurde, um das Ausstellungsgelände und den Rheinpark mit dem linksrheinischen Ufer in der Nähe des Kölner Zoos und der Flora zu verbinden. Als besonderes Schmankerl könnt ihr allein zu zweit in einer Gondel den Blick über ganz Köln genießen und euch mit Küssen beflügeln. Einblick in nackte Tatsachen bietet der textilfreie Sauna-Bereich rechtsrheinisch über der Claudius Therme.

Im Jahre 2007 tauschte erstmals ein frisch vermähltes Pärchen in der goldenen Gondel Hochzeitsküsse, denn zum fünfzigjährigen Seilbahnjubiläum fand hier die erste standesamtliche Trauung statt. Ein romantischer Pas de deux ergibt sich ganz wie von selbst mit nächtlichen Küssen in der Seilbahngondel.

■ Seilbahn, März bis November und Sondertermine. Linksrheinisch: Station Zoo, Riehler Straße 180, KVB-Haltestelle: Zoo/Flora. Immer der Ausschilderung Zoo/Seilbahn folgen. Rechtsrheinisch: KVB-Haltestelle: Rheinpark. Sachsenbergstraße/Ecke Auenweg. Es gilt, der Ausschilderung »Thermalbad/Seilbahn« zu folgen. Im Internet: www.koelner-seilbahn.de

# Küsse im
# »Adlerhorst«
## der Kölnarena

Der Charme der folgenden Kuss-Örtlichkeit ist in ihrer Hochlage begründet, die an einen Adlerhorst denken lässt. Hier können wilde Knutschorgien zelebriert werden, ganz unbeobachtet von der Menschenmeute, die weit unten tobt. Wo soll das in Köln schon möglich sein? Richtig, in der Kölnarena!

■ Kölnarena. Willy-Brandt-Platz 1, 50679 Köln. KVB-Haltestelle: Deutz-Kalker Bad, Köln-Deutz oder Bahnhof Deutz/Messe. Im Internet: www.koelnarena.de

Die Kölnarena ist eine der größten Veranstaltungshallen in Deutschland mit einer Kapazität von bis zu 18.500 Personen. Seit ihrer Eröffnung im Jahr 1998 wird sie von den Kölnern liebevoll »Henkelmännchen« genannt – erinnert die sie überspannende Bogenkonstruktion doch an jene Tragebehälter, in denen einstmals Hausfrauen ihren Männern Essen mit zur Arbeit gaben.

In dem im Oberrang gelegenen Block 716 gibt es an oberster Stelle nur noch zwei Sitzplätze nebeneinander. Von diesen aus könnt ihr einen atemberaubenden Blick auf die Spielfläche im Innenraum genießen, euch klammheimlich aus dem Geschehen stehlen und Lippendialoge führen. Anders als im US-Bundesstaat Iowa dürfen es hier ruhig auch mehr als fünf Minuten sein.


# Volks–Küsse

Der Volksgarten ist nicht nur bei den Bewohnern der Südstadt sehr beliebt. Im Sommer wie im Winter lassen es sich hier Menschen aller Couleur auf den Wiesen und Bänken oder im Biergarten gut gehen: beim Grillen, Frisbee- oder

Fußballspielen, beim Trommeln oder Spazierengehen. An heißen Sommertagen lockt der kleine See mit seinen Tretbooten. Durchs Wasser pflügend könnt ihr den Schwänen und Enten Gesellschaft leisten und dem Trubel der Massen entkommen, um in entspannt-heiterer Augenblicklichkeit unverhofft zum Überraschungskuss anzusetzen. Ganz Wagemutige versuchen, der mitten im See gelegenen Fontäne nahe zu kommen, um das erhitzte Gemüt abzukühlen. Aber Achtung: Eine Fahrt durch die Fontäne ist leider nicht gestattet, sonst droht »Pfandverrechnung«. Ein erfrischendes Bad im Fontänendunst kann dies freilich nicht vereiteln.

*Überraschungsküsse auf dem Teich des Volksgartens*

■ Volksgarten. Volksgartenstraße, Südstadt. KVB-Haltestelle: Eifelplatz

## Küsse wie in 1001 Nacht – und mehr

1001 Geschichte musste Scheherazade dem grausamen König Scharyar erzählen, ehe er sie am Leben ließ – und zu seiner Frau machte. 1001 Kuss mag auch euch lebendig und liebend halten. Eintauchen in die märchenhafte Atmosphäre von 1001 Nacht lässt es sich vorzüglich im türkischen Dampfbad an der rechtsrheinisch verorteten Claudius Therme. Der Dampf, kleine Grotten und eine sehr dezente Beleuchtung im orientalischen Stil sorgen dafür, dass ihr euch angenehm und unbemerkt zum Kuss-Austausch zurückziehen könnt. Wer hier 1001 heiße Küsse wagt, beweist nicht nur seine Liebe, sondern auch gute Atem- und Schwitztechnik.

■ Claudius Therme. Sachsenbergstraße 1, 50679 Köln. Tel. 0221-98 14 40. KVB-Haltestelle: Köln Deutz/Messe, dann mit dem Pendelbus der KVB-Linie 150, KVB-Haltestelle: Claudius Therme. Im Internet: www.claudius-therme.de

Die Claudius Therme bietet mit ihrem römischen Kachelreigen einiges für die Augenfreuden geschichtsverliebter Menschen. Hier möchte man unwillkürlich die Toga umwerfen und den Sklaven herbeirufen – oder vielleicht doch lieber die Sklavin? In dem liebevoll gestalteten Sauna-Dörflein können sich Outdoor-Fans in rustikalen Blockhütten die kühlen Füße am Feuer wärmen. Alles in allem ist die Claudius Therme ein Füllhorn an Möglichkeiten für prickelige Tête-à-Têtes.

# Unterwasser-
## Kribbel-Küsse

Küsse vier Meter unter der Wasseroberfläche innerhalb der alten Stadtmauern – geht nicht? Und ob! Wer einen Tauchkurs beim Outdoor-Ausstatter Globetrotter belegt, der kann zum Konservengezwitscher tropischer Vögel unterm künstlichen Himmelszelt formidabel in den Pool des Outdoor-Shops steigen. Unterwasser können dann nicht etwa nur Tauch-, sondern auch Kussübungen durchgeführt werden. Unter Zuhilfenahme des Regulators, der den Sauerstoff abgibt, werden die Unterwasser-Küsse zu einem perlend-kribbeligen Vergnügen.

■ Globetrotter (ansässig im ehemaligen Olivandenhof). Richmodstraße 10, Telefon: 0221-27 72 88 0. KVB-Haltestelle: Neumarkt. Im Internet: http://www.globetrotter.de/de/filialen/koeln/index.php Die Globetrotter-Tauchschule Underwater No.1 bietet wöchentlich PADI-Tauchkurse an. Tel. 0221-278 35 70. E-Mail: koeln@underwater-no1.de

# Romantische Ausflüchte

Man befrage sich einmal selbst. Was kommt einem bei dem Wörtchen »Romantik« in den Sinn! Nur das Übliche? Kerzenschimmer, Sonnenauf- und -untergänge, der Mond in allen Formen, Meeresrauschen, laue Brise unter Palmen? Oder verbindet man mit Romantik gar nichts? Bei Letzterem hilft nur eines: Küssen! Und zwar so schnell, so viel, so lang wie möglich. Eben wie im Roman, dem der Romantiker zweifellos entsprungen ist.

Am Kölner geht das alles vorbei? Lustig ist er, locker und gesellig. Vielleicht auch ein wenig melancholisch. Zumindest am Aschermittwoch, nach der langen Sause. Aber romantisch? Nein, Romantik ist eher nichts, was man direkt mit dem Kölner verbindet. Seine Bodenhaftung scheint ein Abheben zu verhindern. Und doch: Der glasige, liebevolle Blick vieler Kölner auf den Dom, jene roman(t)isch-gotische Grande Dame im Herzen der Stadt, gibt Einblick in die stillen, leisen Landschaften der kölschen Seele … Wir haben sie für euch durchwandert – und elf Kleinode entdeckt.

## Flora

Es grünt so grün, wenn Colonias Blüten blühn … Ach, die lieben Pflanzen: immer still, meistens schön, oft duftend, mitunter bunt und, aufgeblüht, immer ein Versprechen für eine mögliche Rückkehr in den Schoß von Mutter Natur. Die ideale Kulisse also für romantische Ausflüchte. Ein bisschen Wildnis, ein bisschen Exotik, aber immer in gepflegten Bahnen bietet die Kölner Flora.

Einer der beliebtesten Kölner Orte für Festivitäten nach dem Ja-Wort kann auch zum Ja für den ersten Kuss werden. Beispielsweise im Gewächshaus, das ein wenig Amazonas-Atmosphäre schnuppern lässt. Zwischen nicaraguanischen Olmara-Blüten und chinesischen Zupforchideen, mit den Füßen auf Tropenholzmulch stehend, könnt ihr euch tief in die Augen schauen und beispielsweise flüstern: »Ans Ende der Welt bin ich gegangen, habe Meere durchschifft und Wüsten durchschritten, habe Riesenschlangen, Schlingwurzeln und Kannibalen getrotzt, bin durch Sümpfe geschritten und über Berge gestiegen, um nun, im Herzen dieses unendlichen Waldes, zu dir sagen zu können: Come on, kiss me, Darling!«

Natürlich gehen solche Monologe auch kürzer. Küsse sind, wir brauchen's nicht zu wiederholen, ja für sich schon Gespräch(s-Stoff) genug.

■ Kölner Flora. Botanischer Garten. Tel. 0221-821-31 83. KVB-Haltestelle: Zoo/Flora. Im Internet: www.koelnkongress.de/de/flora.

# Kölner Lichter

»Ich hol dir keine Sterne mehr vom Himmel. Die liegen nachher eh nur bei uns rum« heißt ein recht trauriger Song von Thommie Bayer. Zwar fallen die Sterne, welche die Raketen der »Kölner Lichter« alljährlich im Juli an den Himmel zaubern, nachher auch zu Boden, aber wen kümmert das? Solange nur der Augenblick die Nacht erhellt und den Kölner Rhein in ein Licht taucht, das den Alltag vergessen lässt. Und das schafft diese Feuerwerksgroßveranstaltung wirklich! Denn anders als zu Silvester böllert hier nicht jeder, halb-

oder volltrunken, drauflos. Die »Kölner Lichter« sind vielmehr eine fein abgestimmte Inszenierung, ein Theaterstück für die Sinne. Dazu ist alles von stimmungsvoller Musik untermalt, deren Takte synchron zum Lichterspiel laufen.

Theater-
stück für die
Sinne

Den Höhepunkt bilden die Großfeuerwerke, die auf dem Rhein von einem Konvoi aus bis zu vierzig Schiffen von Porz bis zur Mülheimer Brücke abgebrannt werden. Und wenn dann der festlich beleuchtete Konvoi um etwa halb elf Uhr abends zwischen Deutzer und Hohenzollernbrücke einschwimmt, entzünden die Besucher ein Meer von Wunderkerzen …

Stellt euch abends ab neun Uhr ans Rheinufer, etwa auf die Poller Wiesen, bewaffnet mit Decke, Wein, Radio (die Feuerwerksmusik wird übertragen) und Wunderkerzen und lasst zum Lichterspiel dem Spiel der Lippen freien Lauf.

■ Kölner Lichter. Näheres dazu und viele weitere Infos zum Spektakel unter: www.koelner-lichter.de

Wer es etwas nobler mag, der kann sich auch Tickets für Stehplätze auf dem Fahrgastschiff MS Rhenus, auf der Tribüne am Landschaftsverband (Kennedy-Ufer) oder auf den Terrassen der Hohenzollernbrücke in Deutz (Rheingarten) oder in der Altstadt (Kennedy-Ufer) reservieren. Die Spannbreite geht von 41,50 Euro (Hohenzollern-Terrasse Deutz) bis hin zu 145 Euro (MS Rhenus).

# Rhein in den Sonnenuntergang!

Er ist der unsterbliche Klassiker unter allen romantischen Urtypen, unzählige Male fotografiert, gemalt, besungen, beschrieben, erforscht: der *Sonnenuntergang*. Und mag er noch so nervtötend verkitscht sein – wer ihn sieht, der geht mit anderem Blick in die Nacht. War das nicht eben die Sonne, die vor aller Augen ins Meer gefallen ist? Nein, sagt der Kölner Inselbewohner, hier mal wieder mehr weltabgewandt denn weltgewandt: Sie fällt – aber sicher doch – natürlich zuerst mal in den Kölner Rhein! Hier planscht und döst sie ein Weilchen, um dann frühmorgens wieder vor dem Kölner Dom aufzugehen.

Also ab zum Kölner Rheinufer, am besten auf der Schäl Sick, da hat's Wiesen, und rein in den Sonnenuntergang. Sommerlichkeit ist zeitlich natürlich vorzuziehen, so ließe sich nach Schäferstündchen und Schläfchen auf der mitgebrachten Steppdecke vielleicht sogar die Auferstehung unserer aller Lebensspenderin mit einem sonnigen Morgenkuss feiern. Gut, dass es die Liebe gibt. Wo sollte man sonst mit all den Sonnenuntergängen hin? Und gut, dass es Köln gibt. Wo sollte die Sonne nachts denn sonst hin?

# Love is in the air 1 ...

■ Ballonfahrten über Köln lassen sich mieten, zum Beispiel bei Ballonfahrten Hartmann, Hauptstraße 364, im Internet: www.ballonseite.de; Ballonteam Ompa, Brauweilerstraße 12, im Internet: www.ballon fahren.org; Skytours Ballooning, Deutzer Freiheit 79, im Internet: www.skytours-ballooning.de

Liebe verleiht Flügel. Da liegt es nahe, hochzugehen. Zum Beispiel mit einem Heißluftballon. Hier kann die Dame ruhig einen Korb geben.

In beschaulicher Atmosphäre, durch Wolken stoßend, könnt ihr über Köln blicken und euch lange Küsse am Rand des Korbes gönnen. Hektik ist hier fehl am Platze, man schwebt einfach drauflos, und schwindeln machen mögen nur die Küsse des oder der Liebsten.

Es gibt wohl keine geruhsamere Art, den Himmel zu stürmen. Kuss-Anleitungen erscheinen hier überflüssig. Lasst einfach los (die Gedanken, nicht die Ballonleinen!).

# Love is in the air 2 ...

»Sweet Romance«, »Happy End«, »Honeymoon«, »Love Story«, »Romeo und Julia«: Namen, die für ein ganzes Liebesprogramm stehen. Wer atmosphärisch abheben will und auch preislich nicht allzu sehr auf dem Boden bleiben muss, der kann dies im opulenten Savoy Hotel an der Turiner Straße haben. Die etwas trostlose Umgebung hinter dem Dom lässt nicht solch detailverliebt ausgestattete Suiten vermuten, die teilweise sogar über integrierte Whirlpools verfügen. Verliebte, Verlobte, Verheiratete und frischgebackene Eltern auf der Suche nach Romantik sind hier hochwillkommen. Egal, ob es sich um einen prickelnden Schoko-Wrap im Rasulbad mit dazu gereichten Erdbeeren und Prosecco handelt oder um das »When a man loves a woman«-Rosenblütenbad im »Cocoon-Duo-Whirlpool« mit dazugehöriger Champagnerflasche – ein exzeptioneller Rahmen für eure Liebesküsse ist hier garantiert. Auch als Kurz-Urlaubsort in der eigenen Stadt zu empfehlen.

*Küsse zum Abheben: Lippen-Spiele in der Luft*

■ Savoy Hotel. Turiner Straße 9. Tel. 0221-16 23-0. KVB-Haltestelle: Breslauer Platz oder Dom/Hauptbahnhof. Im Internet: www.savoy-koeln.de

# Schmetterlingsküsse

Zugegeben: Spinnentiere regen nicht jeden zum Küssen an. Aber das Insektarium im bereits 1860 gegründeten Kölner Zoo hat nicht nur Achtbeiniges zu bieten, sondern auch Zartgliedriges, so leicht wie eine Feder. Schmetterlinge in all ihrer Farbenpracht durchflattern einen der Räume, den der Besucher auch betreten darf. In dieser Freiflughalle der Schönheit könnt ihr perfekte Schmetterlingsküsse tauschen. Der Butterfly Kiss ist etwas fürs zarte Gemüt: Geht so nah

45

■ Kölner Zoo. Riehler Straße 173. KVB-Haltestelle: Zoo/ Flora. Telefon: 0221-77 85-0. Öffnungszeiten: Täglich 9 bis 18 Uhr (im Sommer), 9 bis 17 Uhr (im Winter). Im Internet: www.zoo-koeln.de

wie möglich an das Gesicht eures Partners und streift mit euren Wimpern über das Gesicht des Liebsten. Menschen mit Daisy-Duck- oder Venusfliegenfallen-Wimpern sind natürlich im Vorteil, die anderen müssen halt näher ran – auch nicht schlimm, finden wir.

## Klau den Baum

Wenn man im Wonnemonat Mai den Duft des Frühlings durch die Nüstern zieht, die Blümelein am Weges- oder Straßenrand stolz ihre Kleider präsentieren sieht und dann auch noch an den hübsch geschmückten Maibäumen vor den Häuserwänden vorbeispaziert – dann bricht Panik aus. Wieder keinen dabei, wieder keinen gefällt, wieder keinen Beweis der Liebe erbracht! Versagt! Das muss nicht sein. Wir raten: Verabredet euch Ende April zum Baumklau. Holt euch den verdammten Birkenbaum einfach *gemeinsam* aus dem Wald oder zur Not eben aus dem Baumarkt, schmückt ihn *gemeinsam* und stellt ihn dann *gemeinsam* vor eure Haustür oder eben wechselseitig an einem Tag vor die Haustür des einen, am nächsten vor die des anderen: Bäumchenwechseldich sozusagen. Eine schöne Aktion ist übrigens auch die der Adresse Neptunplatz e.V. Nun schon seit 2004 schmücken die Mitglieder dieses Vereins jedes Jahr am 30. April wieder hundert Maibäume. Nachdem die fröhliche Männerschar um Punkt 21.30 Uhr zunächst den volkstümlichen Evergreen »Der Mai ist gekommen« angestimmt hat, geht die Jagd auf die Trophäen los. Innerhalb kürzester Zeit haben die Bäume neue Besitzer, und diese belohnen die

*Küsse unter einer Birke versprechen Glück und Segen!*

wackeren Baum-Jäger natürlich … mit Küssen. Übrigens: Küsse unter einer Birke versprechen Glück und Segen. Also los!

■ Klau den Baum. An jedem 30. April eines Jahres auf dem Ehrenfelder Neptunplatz. KVB-Haltestelle: Körnerstraße. Im Internet: www.adresse-neptunplatz.de

# Am Ruder sein

*»Küsse mich …*
*Küsse mich – wie ist das süß –*
*küsse mich, Kind, auf den Mund …*
*Ja so ein Kuss verrät das und dies …*
*Küsse die Lippen mir wund …*
*küsse mich lange, minutenlang,*
*küsse die Wangen mir rot.*
*Jetzt bin ich doch schon vor Liebe krank –*
*küss mich zu Tod …«*
*(Rainer Maria Rilke)*

Wer mit seiner Liebsten an einem schönen Sommertag in einem Ruderboot – zum Beispiel auf dem See im Blücher Park – große Romantik mit kleinem Abenteuer verbindet (schließlich kann man kentern und dann den Retter spielen), der ist gut beraten, Gedichte wie das obige von Rainer Maria Rilke parat zu haben. Hier kann er seinen Jungentraum vom Kapitänspatent ausleben, hier kann sie sich treiben lassen oder das Ruder übernehmen. Die Romantik kann in solchen Momenten endlich ganz am Ruder sein, und auch klassisch zu sein kann man sich ungeniert trauen. Am besten

»Küsse mich –
wie ist das süß –
Küsse mich, Kind,
auf den Mund …
Ja so ein Kuss verrät
das und dies …«

■ Schöne Rudergelegenheiten bei herrlichem Wasserambiente gibt es im Blücherpark, Parkgürtel, KVB-Haltestelle: Köln Geldernstraße/ Parkgürtel. Decksteiner Weiher, Gleueler Straße, KVB-Haltestelle: Klettenbergpark. Volksgarten, Volksgartenstraße, KVB-Haltestelle: Eifelplatz.

tragt ihr Strohhüte, sie ein Kleid, er ein weißes Hemd und eine Hose mit Hosenträgern, ganz im Stile des 19. Jahrhunderts. Ein leichter Nervenkitzel ist inklusive, wenn er sich, mitten auf dem Teich, nach vorn beugt und das Boot bedenklich wackelt. Da ist dann auch einmal ein schriller kurzer Schrei erlaubt. Irgendwann werden sich eure Lippen wie von selbst finden.

## Über sieben Brücken musst du gehen ...

Schöne Brücken können auch entzücken! Allerdings hatten Brücken in Köln, zumindest bis 1920, ihren Preis, da stets ein Brückengeld für ihre Nutzung entrichtet werden musste. Symbolisch lässt sich das durch ein Kusspfand nachleben: Für jede Überquerung lockt mindestens ein Kuss. Partner und Panorama wollen beachtet sein ... Sieben Brücken, die uns entzücken:

1. Der Brücken-Klassiker: die Deutzer Brücke (vormals Hindenburgbrücke genannt) mit Blick auf das Dom-Altstadt-Panorama.

2. Etwas gemächlicher, weil ausschließlich für Fußgänger: die von der kaiserlichen Familie 1911 eingeweihte Hohenzollernbrücke.

3. Rosenumrankte Aussicht über kleine Wasserstraßen von der Brücke am Kaiser-Wilhelm-Ring – bei Kaiserwetter natürlich am schönsten zu genießen.

4. Die romantisch daherkommende Südbrücke, die 1908 erbaut wurde, ist der rechte Kussort für Nostalgiker, die die Vibrationen der darauf fahrenden Züge in romantische Schwingungen versetzen.

5. Die Zoobrücke hat ihren eigenen Reiz – mit Blick auf Zoo und Jugendpark inmitten des tosenden Autobahnverkehrs.

6. Neben der großen bekannten Mediapark-Brücke in dem Bereich, der dem Jolly Hotel vorgelagert ist, wurde eine winzige, gut versteckte, höchst romantische Brücke angelegt, die über einen Mini-Wasserweg führt.

7. Romantisch sind auch kleine Brücken wie etwa diejenige am Karl-Berbuer-Platz, die einen laubenartigen Aufgang zur Severinsbrücke von der Südstadt aus bietet.

*Küsse wie im Bilderbuch*

# Er nu wieder

Der Ritter in strahlender Rüstung, im Kampf mit dem Ungeheuer, das sein Maul mit Hunderten steinerner Zähne öffnet, vielmehr: Treppenstufen. 509 davon führen zu der 97,25 Meter hohen Aussichtsplattform des Kölner Doms. Mann oder Maus? Im Kampf mit diesem Stufenungeheuer kann er es beweisen, die Treppen hochlaufen, zurückkommen und ihr mit der nötigen Nonchalance anvertrauen: »Alles klar da oben. Schöne Aussicht. Kommst du mit rauf?«

Oben angekommen kann er der Geliebten dann bei großartiger Aussicht über ganz Köln eine glamouröse Zukunft versprechen: »Das alles wird eines Tages dir gehören.« Das muss mit einem Kuss besiegelt werden.

■ Der Kölner Dom befindet sich in Köln. Die Aussichtsplattform kann bestiegen werden von Mai bis September täglich zwischen 9 und 18 Uhr, von Oktober bis April täglich bis zur Dunkelheit. Ein Blick über Köln und den Rest der Welt, also das Kölner Vorland, kostet 2 Euro, 1 Euro ermäßigt. Kontakt: Roncalliplatz 2 (Verwaltung), Tel. 0221-179 40 52-0 (Kasse). KVB-Haltestelle: Dom/Hauptbahnhof. Im Internet: www.koelner-dom.de

# Sie nu wieder

Rose: Das Wort ist ein Versprechen an sich – und eine Passion. Besonders in Britannien, der Heimat von Kölns Schutzpatronin Ursula, hat sich ein weit verzweigter Strauch menschlicher Rosengesellschaften um David C.H. Austin und andere Zuchtmeister entwickelt – regelrechte Geheimbünde, nur ausgesuchten Kennern zugänglich.

Nicht ganz so exquisit geht es da in Köln zu. Ein Liebespärchen, das sich vom Anblick und Duft paradiesischer Rosenpracht inspirieren lassen will, braucht hier nur in den zu bestimmten Zeiten frei zugänglichen Rosengarten im Kölner Agnesviertel zu gehen. Der Meister der Rosen heißt hier Günter – ein zurückhaltender Gärtner, der zwar mit Argusaugen über seine Schätze wacht, aber die Liebe achtet und die Pärchen auf den Laubenbänken in Ruhe lässt.

■ Rosengarten an der Neusser Straße (Mai bis Oktober geöffnet), kann wochentags zwischen 7 und 20 Uhr besichtigt werden, am Wochenende und an Feiertagen zwischen 9 und 20 Uhr. KVB-Haltestelle: Ebertplatz oder Reichenspergerplatz.

Kniet gemeinsam vor gelben, roten, weißen, ja sogar bläulichen Rosen, zieht vorsichtig ihren betörenden Duft ein, wankt dann zurück zu einer der Bänke und küsst euch so leidenschaftlich, wie es sich im Reich der Blumengöttin der Liebe gehört.

Das nach Prinz Wilhelm von Preußen benannte Fort X wurde von 1816 bis 1825 als isoliert gelegenes Fort errichtet und ab 1881 in die spätere Umwallung integriert. Nachdem die Festungseigenschaft der alten Festungsanlage Fort X (Neusser Wall/Lentstraße) nach Ende des Ersten Weltkrieges aufgegeben wurde, legte man Anfang der zwanziger Jahre auf dem Dach des äußeren Bauwerks eine begrünte Schmuckanlage an, den Rosengarten. Entstanden ist so eine einzigartige Kombination aus Bollwerk und Blumen, ein grünes Fort.

# Verrückte Küsse

Das Schöne am Verliebtsein ist die große Leichtigkeit, die damit einhergeht; die einem das Gefühl gibt, Bäume verrücken zu können; die einem erlaubt, völlig verrückte Dinge zu tun, für die man sich hinterher nicht vor dem anderen schämen muss. Sie münden in eine gemeinsame Geschichte ein, die kichernd und liebevoll immer wieder zum Besten gegeben wird. Genau um solche verliebt-verrückten Küsse soll es in diesem Kapitel gehen.

Dabei möchten wir trotz eifrigster Erprobung und gewissenhaftester Recherche ausdrücklich darauf hinweisen, dass wir keine Gewähr für die Legalität so mancher Kusslokalität und -aktivität geben können.

## Küsse im freien Fall

Das Freibad am Stadion existiert schon eine halbe Ewigkeit. Bereits 1924 tummelten sich hier im angeblich größten deutschen Beckenfreibad die Badenden, um verborgen vor den gestrengen Augen von Mama oder der Anstandsdame im Schatten der Bäume in den Umkleidekabinen oder vielleicht sogar unter Wasser Küsse auszutauschen.

Für ganz besonders Wagemutige bietet sich aber auch die einzigartige Chance, im freien Fall zu küssen. Dazu besteigt

51

■ Freibad am Stadion (nur in den Sommermonaten geöffnet). Aachener Straße/ Stadion, Müngersdorf, Tel. 0221-27 91 84-0. KVB-Haltestelle: Stadion. Im Internet: www.koelnbaeder.de

ihr gemeinsam das Zehn-Meter-Brett, das im Hochsommer Scharen von Springwütigen anlockt, um euch unter dem Gejohle der vielen Zuschauer in die Fluten zu werfen. Nehmt einander an die Hand, bewegt euch ganz langsam zum Abgrund hin und springt – nicht ohne vorab einen lang anhaltenden letzten Kuss getauscht zu haben – und findet euch, von Adrenalin durchtränkt, im Wasser wieder. Und dann schnell noch mal die Leiter hoch … Springen und Küssen machen einfach süchtig!

# Küsse im Mondenschein

So wie Katzen nachts auf Dächern eng zusammenrücken und sich gemeinsam dem Mond entgegenrecken, so gibt es auch für den Menschen nichts Romantischeres, als sich im Mondenschein eng aneinandergelehnt (zum ersten Mal?!) zu küssen. Als Örtlichkeit bieten sich in Köln die verschiedensten Haus- und Garagendächer, Feuerleitern oder auch die Reste der mittelalterlichen Stadtmauer (Salierring) an. Der Kitzel hierbei liegt sicherlich darin, sich auf unbefugtes oder gefährliches Terrain zu wagen. Fast schon ein kleiner Parcours, der auf dem Weg zu süßen Küssen absolviert werden muss, ist der folgende von uns im Mediapark entdeckte:

*Kuss-Sport in Vollmondnächten*

Das seit 1989 auf dem Gelände des ehemaligen Güterbahnhofs Gereon hochgezogene Mediapark-Areal birgt einen kleinen, künstlich angelegten See, in dem man nicht nur im Sommer mit Scootern durchs Wasser flitzen kann. Links neben der Brücke, die zum Mediaturm führt, ist – mitten im See – ein Stück eines alten Torbogens verblieben. Auf diesem in silbrigen Vollmondnächten zu sitzen, mit deiner/m Liebsten aufs nächtliche Gestirn zu blicken und immer wieder einen Kuss-Nachschlag zu fordern, womöglich sogar mit Sektgläsern bewaffnet, ist nicht nur zutiefst romantisch, sondern erfordert auch ein gehöriges Stück Einsatz. Kuss-Sport sozusagen. Es gilt, den im See befindlichen Bogen zu erreichen, zu seinen Füßen sind den größten Teil des Jahres nur ein paar schnatternde Enten anzutreffen, und dann muss der Bogen selbst noch erklommen werden. Aber wo ein Wille ist, da ist schließlich auch ein Weg … oder? Der Lohn für die Mühe wartet oben, wenn man eng nebeneinander sitzt und, gleich einem Bergsteiger, den Ausblick genießt. Und die Zweisamkeit.

■ Mediapark. KVB-Haltestelle: Christophstraße. Im Internet: www.mediapark.de

## Kissing in the rain

Wie oft haben wir (Wahl-)Kölner nicht schon über das Wetter »geschängt« (kölsch für »geschimpft«). Die Kölner Bucht gehört nicht nur mit zu den wärmsten Regionen Deutschlands, sondern vor allem auch zu den feuchtesten. Aber warum nicht die Not zur Tugend machen? Warum nicht das (Kölsch-)Glas als halb voll anstatt als halb leer begreifen? Jetzt oder nie!

Den Filmklassiker »Singin' in the rain« mit Gene Kelly und Debbie Reynolds nachahmend, stürzt ihr euch in einen Platzregen – egal wo ihr seid, egal was ihr anhabt. Werft euch zusammen in das feucht-fröhliche Vergnügen eines Sommerregens, lauft Hand in Hand durch die Straßen, tanzt um die Straßenlaternen und auf Sitzbänken, lacht, springt

■ Küssen im Regen: Fast immer und überall möglich. Auf der Inneren Kanalstraße gibt es übrigens diverse Möglichkeiten, von vorbeifahrenden Autos von oben bis unten besprizt zu werden. Wem der Regengott beharrlich nicht zur Seite stehen will (in Köln ein eigentlich eher seltener Fall), der begebe sich zum Outdoor-Laden Globetrotter (KVB-Haltestelle: Neumarkt). Dieser verfügt über eine Regenkammer, in der Kunden Jacken auf ihre Feuchtigkeitsresistenz hin testen können …

händchenhaltend in die besonders großen Pfützen, schmettert den Evergreen in leichter Veränderung:

> *»I'm kissing in the rain,*
> *just kissing in the rain,*
> *what a glorious feeling –*
> *I'm haaaaappy again!*
> *I'm laughing at clouds*
> *so dark up above,*
> *the sun's in my heart*
> *and I'm ready for love ...«*

– und vergesst alles und jeden um euch herum, wenn ihr euch lachend gegenseitig in die Arme werft und euch endlich dem widmet, was ihr so laut verkündet habt ... Ach, wenn's doch immer regnen könnt'!

## Kissing in the Rhein

Das Gleiche wie oben, nur nasser. Sommers im Mondenschimmer zu zweit im Uterus der Domstadt entspannen, sich treiben lassen (Vorsicht: nicht wegtreiben lassen!), das rettende Ufer in Sichtweite, doch uferlos werden ...

## Schwindelerregende Küsse

Im Frühjahr und im Herbst findet sich jedes Jahr wieder auf der rechten Rheinseite die Deutzer Kirmes ein, die leicht zum echten Kussspektakel gemacht werden kann. Gemeinsam an Zuckerwatte naschend, kann man hier einen wahren Kusswettbewerb veranstalten. Denn je nach Gefährt ist es eine richtige Herausforderung, die Fliehkräfte zu besiegen. Zum Einstieg empfehlen wir ganz klassisch natürlich die Jaguarbahn. Besetzt eine Bank, legt die Münder aufeinander und küsst, was das Zeug hält. Lasst euch nicht von den Zentrifugalkräften auseinandertreiben! Gar nicht so einfach – oder? Wenn ihr mehrere Chips kauft, könnt ihr eure Zeiten stoppen, um festzustellen, wie lange ihr es geschafft habt, Mund an Mund zu bleiben. Haltet die persönlichen Bestzeiten fest und packt sie zur nächsten Kirmes wieder aus!

*Kirmes-Küsse: Mund an Mund bleiben trotz aller Fliehkräfte*

Diese Aktivität lässt sich auch vortrefflich mit Freunden unternehmen. Gebt mit Bestzeiten an, die wirklich etwas bedeuten! Lustig ist es auch, gemeinsam einen Autoscooter zu besteigen. Beim Signal drückt ihr euren Chip in das Gefährt, schließt die Augen, legt eure Lippen aufeinander und lenkt gemeinsam los. Solchen Kitzel kann man in der freien Natur so schnell (und gefahrlos) nicht bekommen: ein Kuss mit garantiertem Bums!

Wen es danach noch nach mehr dürstet, der kann sich ja noch auf das Kettenkarussell wagen. Was so einfach scheint, ist auf jeden Fall zum Scheitern verurteilt: Zunächst könnt ihr nebeneinander noch problemlos herzen, scherzen und schnäbeln. Doch geht die Fahrt erst einmal richtig los, werdet ihr es bei Kusshänden belassen müssen (hier könnt ihr euch ebenfalls Zeit nehmen)! Auch nicht schlimm! Vergesst beim Bummel über den Rummel nicht die lukullischen Versuchungen – ob Liebesäpfel, türkischer Honig, Lebkuchenherz oder gebrannte Mandeln. Diese laden ja geradezu dazu ein, sich gegenseitig zu füttern und zu beküssen – stammt der Kuss nach Meinung mancher Biologen ursprünglich doch von der Mund-zu-Mund-Fütterung aus animalischer Vorzeit. Am Eröffnungsabend gibt es auf der Kirmes üblicherweise zu vorgerückter Stunde ein Feuerwerk, das unter

■ Deutzer Kirmes. KVB-
Haltestelle: Deutzer Freiheit.

großem allgemeinen Ah und Oh zum romantischen Küssen genutzt werden kann.
Wem hier kein Licht aufgeht …

# Improvisation
## ist das halbe Leben!

Köln hat in den letzten Jahren eine große und vielseitige
Theater-Improvisationsszene entwickelt. Aus Studentenini-
tiativen sind fast schon professionelle Unternehmen erwachsen, die Improvisationskurse und -workshops anbieten – und
natürlich die Gelegenheit, an den verschiedensten Orten
Kölns an Improvisationssessions, -wettkämpfen und -festivals
als Zuschauer teilzunehmen. Ja, teilzunehmen. Denn Impro-
Theater lebt von der Beteiligung des Zuschauers. Kein Dreh-
buch, nicht die Akteure, sondern die Zuschauer geben vor,
welche Geschichten sich entwickeln. Und egal ob man nun
zu »Clamotta«, »Fenstersturz« oder »Taubenhaucher« geht,

■ Improvisationstheater.
Unser Tipp: die Improtruppe
»Taubenhaucher«
Im Internet:
www.taubenhaucher-
impro.de), die regelmäßig im
Bürgerzentrum Kalk aufspielt.

hier lässt sich das Bühnenspektakel zumindest zeitweise zu einer eigenen Privatver-
anstaltung machen. Wenn die Schauspieler
das Publikum bitten, sie mit Begriffen zu
füttern, um das Genre, den Beruf des Prota-
gonisten oder Ähnliches für ihre Spielszenen
festzulegen, dann werft möglichst originelle
Wörter rund um das Thema Küssen ein.

Möglich ist es auch, romantische Requisiten mitzubringen,
die ihr im Laufe des Abends auf die Bühne schleudern könnt.
Und dann harret der Dinge, die da kommen mögen, auf der
Bühne wie für euren Abend zu zweit.

# Kleider
## machen Küsse

Begebt euch in eines der größeren Kölner Kaufhäuser in die Dessousabteilung (wir empfehlen den bereits wohlerprobten Kaufhof auf der Schildergasse), wo eine gewisse Anonymität herrscht. Hier gehen Menschenmassen tagtäglich ein und aus. Die richtigen Voraussetzungen also für einen kleinen Nervenkitzel. Sucht euch einige besonders schöne Wäschestücke aus, bevor ihr euch eine Umkleidekabine erkämpft. Verschwindet beide unauffällig darin, um wild auszuprobieren, statt nur gezielt anzuprobieren. Lasst euch vom Anblick eurer/s Geliebten berauschen. Nehmt euch die Zeit, den Körper von den Zehenspitzen bis zum Haaransatz mit Küssen zu bedecken und genießt den Augenschmaus! Gesteigert wird dieser Kitzel noch durch die Verkäuferinnen, die mit Argusaugen über die oftmals schlecht beleuchteten Umkleidekabinen wachen und jedes Geräusch, Geraschel oder Gekicher zwangsläufig mitbekommen.

## Haltet euch fest

Schon immer hatten die Menschen ein großes Bedürfnis, ihre Gefühle für den anderen festzuhalten. Dies manifestiert sich in Gedichten und Geschichten genauso wie im Ritzen der gemeinsamen Initialen, umrahmt von einem Herzen, in Baumrinde. Eine besonders beliebte Form des Fest-Haltens ist sicherlich das Automatenfoto, das den so eigenen Charme der achtziger Jahre versprüht, aber auch eine zentrale Rolle in dem vielleicht schönsten Liebesfilm der letzten Zeit spielt: »Die fabelhafte Welt der Amélie«. Bewaffnet euch mit genügend Kleingeld und drängt euch dicht an dicht in die Ka-

*Die fabelhafte Welt der Kussografie*

■ Fotoautomaten sind an vielen öffentlichen Plätzen (wie etwa unter dem Kölner Neumarkt), in großen Supermärkten (zum Beispiel Kaufland in Ehrenfeld) oder an Bahnhöfen aufgestellt. Wer es professioneller mag, dem empfehlen wir das Fotostudio Balsereit in der Nähe des Neumarktes. In der Service-Wüste Deutschland steht hier dem Kunden ein nettes Personal zur Seite, von dem man ganz entspannt beraten wird (die ausliegenden Fotoalben geben einen guten Überblick darüber, was alles möglich ist). Und dann kann's auch schon losgehen: die Aufnahme von Kussmündern, vielleicht erst separat und dann in Action, farbig oder schwarz-weiß, eurer Fantasie sind (fast) keine Grenzen gesetzt, und die Fotografen nehmen sich viel Zeit dabei. Fotostudio Balsereit. Hahnenstraße 2, Tel. 0221-25 64 86. Montag bis Freitag 10 bis 19 Uhr, Samstag 10 bis 16 Uhr. KVB-Haltestelle: Neumarkt. Im Internet: www.balsereit.de

bine. Sie setzt sich auf seinen Schoß und zieht den Vorhang zu. Vor Blicken vorübergehender Passanten geschützt, die nur den unteren Teil der Liebenden betrachten können, schreitet ihr jetzt zur Kuss-Tat. Im Zeitalter der Digitalkamera lassen sich vor der endgültigen Entscheidung – je nach Automat – Aufnahmen mehrfach wiederholen und die vielfältigsten Kussbilder und -stellungen ausprobieren (wenn das doch immer so wäre im Leben!).

Besonders schön sind auch die Miniaufkleber, mit denen man sich später überall verewigen kann. Die Minibilder werden euch auf Postkarten und Briefen, im Poesiealbum oder im Tagebuch, auf dem Spiegel oder im Medaillon an wunderschöne Kuss-Momente erinnern.

# Dress for less – Kiss even more

Kommt Heiraten für euch auf keinen Fall in Frage? Vielleicht weil ihr das spießig findet oder weil ihr euch gerade mal zwei Monate kennt? Wie wäre es denn, wenn ihr trotzdem gemeinsam ein Geschäft für Hochzeitsaccessoires besucht? Das weiße Kleid ist schließlich Symbol für Romantik und ewige Treue. Gebt euch als Heiratswillige aus, sucht euch einen Traum von einem Kleid aus oder pickt euch bewusst ein besonders grauenhaftes, mit Tüll und Schleifen verseuchtes Stück für sie heraus. Anprobieren und dann schon mal proben. Und dann das »Ah« und »Oh«, schließlich auch das

»Ja, ich will« und natürlich *finalmente* der lang anhaltende Kuss …

Wem es unangenehm ist, in einem kleinen Laden Kleider anzuprobieren, der kann auch auf die größeren Kaufhäuser ausweichen, die ebenfalls mit tollen festlichen Kleidern aufwarten.

*Sie dürfen die Braut jetzt …*

## Küssen in der Rikscha

Sich in einer Fahrrad-Rikscha von A nach B fahren zu lassen, in Ländern wie Vietnam oder Indien ein vollkommen alltäglicher Anblick, mutet im Stadtbild von Köln noch exotisch an. Wer hier mit Grausen an den armen ausgemergelten Chinesen denkt, dem jahrzehntelang in der Geisterbahn des Phantasialandes ein Dicker mit Peitsche im Nacken saß, auf dass er die Rikscha schneller ziehe – »Heeee – Heho!« –, der lasse sich im Falle der Kölner Rikschafahrer eines Besseren belehren. Diese sehen sich als sportliche Dienstleister. Also einsteigen, zurücklehnen und die Fahrt küssend hinter der Trennwand zum Fahrer genießen. Zwischendurch kann die Reise auch unterbrochen werden, um das eine oder andere Küsschen vor einer der vielen Kölner Sehenswürdigkeiten zu tauschen.

■ Perpedalo Köln-Rikscha. Tel. 0221-60 47 89. Taxi-Saison ist von April bis Oktober.

Schon seit 1993 kann man übrigens kurze und lange (Taxi-)Rikschafahrten buchen. Besonders schön: die zugegeben nicht eben billige Rikscha-Stadtrundfahrt (59 Euro/Stunde) oder die Mondschein- und Champagnerfahrten (79 Euro/Stunde). Der Fuhrpark verfügt neben Hightech-Gefährten auch über original indische oder thailändische Rikschas.

# Willkommens-
## und Abschiedsküsse

Einer unserer Lieblingsorte ist der Kölner Flughafen. Dies liegt indes nicht daran, dass er so ausnehmend schön ist; es liegt vielmehr in der Natur der Sache selbst: Nirgendwo kann man in einer so aufregenden und gleichzeitig angenehmen Atmosphäre küssen. Vor dem Ankunftsgatter warten Familien, Freunde und vor allem auch Verliebte darauf, dass die Liebsten endlich durch die Schiebetür kommen. Da werden schnell noch Kleider zurechtgezupft, Frisuren gerichtet und Lippenstift aufgetragen. Schilder werden emporgereckt, sobald sich die Tür bewegt, und Kinder intonieren Eingeübtes. Wunderbar und wundersam ist diese gleichzeitige Leichtigkeit und Erregung in der Luft, die uns sonst nur kurz vor der Bescherung an Weihnachten befällt. Und wer sagt jetzt, dass man tatsächlich verreisen muss, um an diesem schönen Treiben teilhaben zu dürfen?

Macht euch also auf zum Flughafen, zusammen oder getrennt, verabredet euch für einen Ausgang und eine Uhrzeit; der eine nimmt vielleicht sogar ein paar Reiseutensilien mit (einen Koffer zum Beispiel), der andere sorgt für den rechten Empfang. So vorbereitet, tritt man unters bunt gemischte Empfangskomitee-Volk, das den Arrival-Terminal säumt. Und hat der »Ankommende« seinen Auftritt, so kann dies zu höchst romantischen, aber auch völlig verrückten Situationen führen. Auf jeden Fall mag hemmungslos gebützt werden, können Koffer lautstark zu Boden geworfen, Tränen fortgeküsst und Rosen verschenkt werden. Ein nie enden

> Nirgendwo kann man in einer so aufregenden und gleichzeitig angenehmen Atmosphäre küssen wie im Flughafen.

60

wollendes Wiegen und Schmatzen, das niemanden stören wird …

Habt ihr erst Geschmack daran gefunden, spricht nichts dagegen, sich von der Aussichtsplattform die vielen startenden Flugzeuge anzusehen und sich so eine Brise Fernweh zu holen. Und wer weiß, vielleicht bucht ihr ja auch spontan noch freie Plätze für einen Flug eurer Wahl. Muss man übrigens tatsächlich den oder die Geliebte(n) abholen, dann solltet ihr das auch zelebrieren. Mit Schild, Charme und Rose – und vielleicht einem Piccolöchen?

Wer eine andere Variante des Willkommens- und Abschiedsdramas spielen will, der möge Folgendes inszenieren: Tingelt zu zweit zum Kölner Hauptbahnhof, er: den Reisekoffer in der Hand, sie: ein zartes Blümelein im Knopfloch; er steigt, unter letzten Küssen und Umarmungen, mit theatralischer Geste in den ersten Fernzug ein, am besten mit Fenstern, die sich öffnen lassen; sein Kopf lehnt sich hinaus oder ist ans Fenster gepresst, sie wirft ihm unter Tränen die Rose entgegen, er ihr Handküsse zu, der Zug entschwindet, er sinkt auf die Knie, wartet – und steigt in Köln-Deutz wieder aus, um zurückzufahren und sich Willkommensküsse abzuholen.

■ Flughafen Köln-Bonn. Waldstraße 247, Köln-Porz. Mit der Deutschen Bahn Haltestelle Köln-Bonn-Flughafen. Hauptbahnhof Köln. Trankgasse 11, KVB-Haltestelle: Hauptbahnhof

# Kussschleifen

Jeden Tag ein Kuss, siebzig Jahre lang, das macht 25 550 Küsse (ohne Schalttage). Auf diese stattliche Zahl kommen Emilie (88) und Karl (94) Meyer, über deren »Gnadenhochzeit« die Medien kürzlich berichteten. Mochte kommen, was wollte, Krieg, Flucht, Sorgen, Hektik und lange Zeit jeden Morgen nichts als Haferbrei: Ein Küsschen war immer drin zwischen Emilie und Karl. Hält regelmäßiges Küssen also die Liebe am leben? Mediterran und passioniert, wie der Kölner nun einmal ist, könnte das zu seinem Lebensmotto werden: »Non dia sine basio«, kein Tag ohne Kuss. Doch was reden wir so viel? »Don't talk just kiss«, sangen schon die Glatzköpfe »Right Said Fred«. Und das möglichst ausdauernd. Von Kussschleifen und Kussgeschenken handelt das nächste Kapitel.

## Stadtrund-Küsse

Eine Stadtrundfahrt ist nicht nur eine sehr bequeme Art und Weise, die Domstadt kennenzulernen, sondern auch eine prima Möglichkeit, Kultur und Küsse zu verbinden. Begebt euch im Bus entweder in die hinterste Sitzreihe (wie in guten alten Schulzeiten) oder entert eine der Doppelsitzreihen. Während ihr in anderthalb Stunden einen soliden Überblick über die

»Ein Küsschen war immer drin.«

historischen und kulturellen Schätze der letzten 2000 Jahre Kölns vermittelt bekommt,
könnt ihr euch immer wieder von den visu-
ellen Reizen draußen auf die nahe liegenden
Reize zur Rechten und Linken zurückbe-
sinnen. Die Sightseeing-Tour wird dadurch
zum stundenlangen Kiss-Feeling-Abenteuer.
So schmeckt Kultur noch besser!

■ Stadtrundfahrt. Buchen kann
man das Ganze beispielsweise
über Köln Tourismus, Unter
Fetten Hennen 19. KVB-
Haltestelle: Dom/ Hauptbahnhof. Tel. 0221-22 12-33 45.
In der Saison dreimal am Tag
(10, 12 und 14 Uhr, Freitag bis
Sonntag auch 16 Uhr),
außerhalb der Saison (November bis März) um 11 und 14
Uhr. Im Internet: www.koeln.de

## Küsse auf der
# Rücksitzbank

Um einen weiteren Dauerbrenner für Endlosküsse handelt es
sich bei Küssen auf der Rücksitzbank im »Autokino Porz«.
Vorteil: Man trifft sich sittsam zum Kinofilm und kann sich
dann ganz einfach und ungestört näherkommen. Anders als
im Kinosaal stört es dann überhaupt nicht, wenn aus zarten
Küssen heftige Knutschattacken erwachsen. Wenn also
Lippen nicht mehr nur über Lippen gleiten,
sondern sich auch über Ohren, Hals und
andere Regionen hermachen. Hier muss kein
Geräusch unterdrückt werden, hier könnt ihr
euch so ganz hingeben – oder eben auch
»bloß« einen Film anschauen. Im Sommer
öffnet das Kino erst um 22 Uhr (im Winter um 20 Uhr).

■ Autokino Köln – Porz-Eil.
Frankfurter Straße, 51149
Köln, Tel. 02203-326 34.
Im Internet: www.autokino-
deutschland.de

(Fast) egal, auf welchen der 1100 Plätze ihr euch stellt, eine gute Sicht auf die 540 Quadratmeter umfassende Mega-
Leinwand ist garantiert. An den Stellplätzen sind Vorrichtun-
gen für Ton (funktioniert aber auch über Autoradio) und
sogar Heizlüfter angebracht, um im Winter nicht an den Lippen festzufrieren. Klar, dass Popcorn, Hamburger und Cola
nicht fehlen dürfen. Das Porzer Autokino wurde schließlich
1967 nach amerikanischem Vorbild erbaut.

# Weiterküssen ungefährlich –
## Paternoster-Küsse

Obwohl eigentlich schon seit 1974 keine Paternoster mehr neu in Betrieb genommen werden dürfen, existiert in Köln noch eine Vielzahl der anachronistischen Aufzug-Dinosaurier, die in Deutschland seit Ende des 19. Jahrhunderts existieren. Ein Paternoster ist ein Umlaufaufzug, bei dem mehrere an einer Kette aufgehängte Einzelkabinen im ständigen Umlauf zirkulieren. Eine Art Perpetuum mobile. Der Name (lateinisch für »Vater unser«) steht übrigens in Zusammenhang mit dem katholischen Rosenkranz. Die Kabinen sind dabei ähnlich wie die Perlen des Gebetskranzes an einer Schnur aufgezogen.

Der Kölner Autor und Literatur-Nobelpreisträger Heinrich Böll (1917–1985) setzte dem Paternoster übrigens 1958 ein literarisches Denkmal. In der Kurzgeschichte »Doktor Murkes gesammeltes Schweigen« fährt der Kulturredakteur Dr. Murke jeden Tag mit dem Paternoster zu seinem Büro im Rundfunkhaus. Für den rechten morgendlichen Adrenalinschub tingelt er mit dem Paternoster eine ganze Runde über den Dachboden, bevor er im zweiten Stock aussteigt. Viereinhalb Sekunden, so zählt er, dauert es, bis die Kabine am oberen Ende von rechts nach links verschoben wird, bevor es wieder abwärtsgeht. Diesen kleinen Nervenkitzel benötige er »wie andere ihren Kaffee, ihren Haferbrei oder ihren Fruchtsaft«.

*Kuss-Fetischisten zieht es zum Daueraufzug!*

Ins Reich der Legenden gehört allerdings die Vorstellung, dass es gefährlich ist, ganze Runden mit dem Paternoster zu drehen, weil sich die Kabine am oberen Ende umdreht und kopfüber die Fahrt fortsetzt oder, oben angekommen, sich gar zusammenfaltet. Es ist nicht nur völlig harmlos, Paternoster zu fahren, sondern ganz im Gegenteil besonders attraktiv, wenn man ungestört schnäbeln will. Vor allem für Frischverliebte oder Kussfetischisten ist der Daueraufzug zu empfehlen! Das Ruckeln, die Geräusche und die beständig ein- und aussteigenden Passagiere gehören zum nostalgischen Flair dazu und können für unvergessliche Kuss-Momente sorgen.

Das katholische Köln hat natürlich einige Paternoster zu bieten. Man kann förmlich von einer Knutsch-Schleife in die andere hüpfen. Einige Kölner Paternoster wurden auch schon für Lesungen und Kunst-Installationen genutzt. Der bekannteste »Vater unser« ist sicher in der Volkshochschule am Neumarkt beheimatet. Passend für Pärchen, nichts jedoch für Freunde des Group Kissings: Laut Fahranweisung ist nur jeweils für zwei Personen Platz in den rotierenden Kabinen.

■ Paternoster. AXA Lebensversicherung, Börsenplatz 1 (KVB-Haltestelle: Dom/Hauptbahnhof); ehem. Felten-&-Guillaume-Gebäude, Schanzenstraße 28 (KVB-Haltestelle: Mülheimer Platz); VHS-Gebäude am Josef-Haubrich-Hof 2 (KVB-Haltestelle: Neumarkt); Hansa-Hochhaus (Saturn – 14 Stockwerke!!!) (KVB-Haltestelle: Hansaring); IHK, Unter Sachsenhausen (KVB-Haltestelle: Dom/Hauptbahnhof); Kaufhof/Metro Hauptverwaltung Leonhard-Tietz-Straße (aus der Sternengasse, nur für Personal) (KVB-Haltestelle: Neumarkt); WDR-Funkhaus, Wallrafplatz (nur für Personal).

# Cleanisch küssen

Der »wunderbare Waschsalon« existiert nicht nur im Film, sondern ganz real im Belgischen Viertel. Das Cleanicum bietet einen recht ungewöhnlichen Kussrahmen. Das liegt daran, dass man hier nicht etwa nur seine Wäsche waschen, sondern es sich auch auf einem der roten Sofas gemütlich machen kann. Eingerichtet ist der Waschsalon im Retrostil der siebziger Jahre. Ein Milchkaffee oder ein Bier von der Cafébar versüßen die Wartezeit ganz erheblich. Mittlerweile ist das Cleanicum auch noch zur Trend-Shoppingmeile avanciert. Denn hier kann man auf 200 Quadratmetern in aller Ruhe einkaufen: Von A wie Analog über B wie Billabong bis zu S wie Stüssy oder V wie Vans drängt sich in diesem hippen Waschcaféshop eine Vielzahl von Trendlabels. Hier lassen sich haushälterische Pflichten mit Spaß verbinden.

■ Cleanicum. Brüsseler Straße 74–76, Belgisches Viertel. Telefon: 0221 – 869 06 38. KVB-Haltestelle: Rudolfplatz. Öffnungszeiten: Montag bis Samstag: 10 bis 22 Uhr, Sonntag von 12 bis 22 Uhr. Im Internet: www.rockon.de/cleanicum

Es ist also endlich an der Zeit, mit eurem Kusspartner ganz freimütig schmutzige Wäsche zu waschen. Bringt eure Schmutzwäsche mit und werft sie in die hungrigen Maschinenmäuler. Rückt einen der Sessel oder das Sofa im vorderen Bereich so zurecht, dass ihr euch vor »eurer« Waschmaschine platzieren könnt – oder setzt euch einfach auf den Boden davor. Vor diesem friedlichen Panorama lasst euch einfach von euren Kleidungsstücken inspirieren, die sich in der Waschtrommel umschmeicheln und umfangen, elegant die Kleiderärmel nacheinander ausstrecken, sich suchen und finden. So züngelnd vergeht euch die Zeit zwischen Waschen, Trocknen und Zusammenlegen dann wie im Fluge.

# KVB-Küsse vom Liebsten

Die »Kölner Verkehrs-Betriebe« (kurz KVB) sind schon seit 1876 ein fester Bestandteil des kölschen Alltagslebens. Das Nahverkehrsnetzwerk, das damals mit Pferdebahn- und Pferdeomnibuslinien startete und Anfang des 20. Jahrhunderts auf elektrische Bahnen umstellte, bringt heute täglich rund 800.000 Urkölner, Imis und Pendler aus den umliegenden Gebieten und innerhalb der Stadt ans Ziel. Die KVB ist aus dem Leben der Kölner nicht mehr wegzudenken. Trotzdem oder vielleicht gerade deshalb »schängt« der Kölner besonders gern über deren, oftmals nur gefühlte, Unpünktlichkeit. Für besonders lange Kussschleifen sind Verspätungen indes eher günstig.

Sucht euch einfach eine der 50 Bus- und Bahnlinien aus und platziert euch in einer der 340 Bahnen oder in einem der circa 200 Busse. Unsere Lieblings-bahnen sind die etwas antiquierten, also die noch nicht generalüberholten oder modernisierten Linien (wie etwa die Linie 12). Da sind die Bänke noch herrlich hart, und man kann sich auf den schmal geschnittenen Zweierbänken leicht nahe rücken. Aber auch die neuen Züge bieten weitschweifige Gelegenheiten zum Küssen. Hier empfehlen wir die erste Reihe kurz hinter dem Fahrer. Nach Einnahme eurer Sitzplätze müsst ihr euch von nichts und niemandem mehr stören lassen – nicht einmal von der Endstation. Viele Bahnen verfügen dort nämlich über so bezeichnete Gleisschleifen. Legt also ruhig in der Gleisschleife Kussschleifen ein. Eine besonders schöne ist die am Hermeskeiler Platz gelegene Gleisschleife in Sülz (Endstation Linie 9).

Wer übrigens einmal in historischen Straßenbahnen küssen möchte, der sollte sich nach Thielenbruch aufmachen. Dort ist seit 1997 das Straßenbahnmuseum beheimatet, in dem die Geschichte der Kölner Straßenbahnen auf über 2.500 Quadratmetern Ausstellungsfläche zu sehen ist. Viele der zwanzig historischen Fahrzeuge kann man begehen und küssend be-sitzen. Die Öffnungstage lassen sich der Website entnehmen.

■ Kölner Verkehrs-Betriebe. Im Internet: www.kvb-koeln.de. Straßenbahn-Museum Thielenbruch. KVB-Haltestelle: Thielenbruch. Gemarkenstraße 139. Tel. 0221-283 47 71. Im Internet: www.hsk-koeln.de

## Mit allen Wassern
### gewaschene Küsse

Für diese Form der Endlos-Schmatzerei bedarf es eines Personenkraftwagens. Auch hier habt ihr die freie Auswahl. Damit das Ganze ungestört ist und möglichst lange dauert,

■ Waschanlage. Im Internet kann man in den Gelben Seiten eine Auflistung der Kölner Sauberkeitstempel einsehen: http://www.gelbeseiten.de/branchenbuch/koeln/autowaschanlage-koeln.html

empfehlen wir die automatischen Waschanlagen mit Bandbeförderung. Also Gang raus, Sitze runter oder besser noch: ab auf die Rückbank, und dann kann's losgehen! Auf die Küsse, fertig, los – wer's mag, von Waschanlage zu Waschanlage.

## Eisige
# Schleifen

Viel zu selten wird es in Köln im Winter so kalt, dass auch Seen und Flüsse zufrieren. Wenn doch, dann gerät der Aachener Weihe zur großen Spielwiese für Jung und Alt, die mit oder ohne Schlittschuhe auf dem Eis herumtollen. Aber warum so lange darauf warten? Es gibt schließlich auch andere Lokalitäten, wo ihr gemeinsam Hand in Hand und auch einmal Lippenpaar auf Lippenpaar frostige Schleifen ziehen könnt.

*Auf die Küsse, fertig, los*

Ein altbekannter Kölner Favorit ist sicherlich das 1936 als Demonstrationsanlage für die Kälte- und Wärmetechnik der Firma Linde gebaute Eis- und Schwimmstadion. Dort könnt ihr von September bis März eure Runden drehen und Herzen ins Eis laufen. Kuss-Pirouetten und gemeinsames Hand- und Lippenwärmen sind an den Wochenenden von September bis April auch in der Trainingshalle der Kölner Haie zu erproben. Eisdiscos bieten beide am Samstagabend an.

Und *last but not least*: Eine besonders schöne, allerdings nur vor Weihnachten zu realisierende Möglichkeit der Eisschleife ist jene Eislaufbahn, die im Dezember auf dem »kölschen

Viktualienmarkt«, dem Heumarkt, aufgebaut wird. Dort könnt ihr euch dann unter freiem Himmel und vor weihnachtlich beleuchteter Kulisse gegenseitig die Lippen und Herzen erwärmen: *Merry Kiss-Mas!*

■ Eis- und Schwimmstadion. Lentstraße 3. Tel. 0221-39 97-10. KVB-Haltestelle: Reichenspergerplatz. Im Internet: www.koelnbaeder.de Trainingshalle der Kölner Haie. Kölnarena 2, Gummersbacher Straße 4. Tel. 0221-279 50. Im Internet: www.haie.de

# Rheinschleifen

Von der Zoobrücke aus Richtung Mülheim und Stammheim zieht der Rhein besonders deutliche Schleifen. Dies könnt ihr mithilfe des »Google Maps«-Programms im Internet ganz leicht beobachten. Interessant ist es in diesem Zusammenhang auch, die Satelliten-Funktion mit anzuschalten und Köln nicht nur grafisch-abstrakt von oben zu betrachten.

Nehmt diese (oder auch andere) Rheinschleifen zum Anlass, um euch auf das Fahrrad zu schwingen und die Schleifen einmal abzufahren.

■ Rhein. Im Internet unter: www.google.de/maps

Führt eine Picknickdecke mit euch, lasst euch in der schönsten aller Kölner Rheinschleifen am Wegesrand nieder – und schleift euch Zungen und Münder scharf …

# Am Eigelstein

Der Eigelstein, früher ein Teil der alten, nach Xanten führenden römischen Heerstraße, ist heute vor allem für seine Vielzahl an türkischen Läden rund um die Weidengasse bekannt. In der Nachkriegszeit war die Gegend um den Eigelstein hingegen ein berüchtigtes Rotlichtviertel. Besonders Im Stavenhof finden sich noch heute ungelenk in die

## Mit Engelszungen am Eigelstein ...

Hauswände eingeritzte Herzen, welche die Freudenhäuser markierten. Das ebenfalls noch bestehende komplizierte Einbahnstraßensystem sollte es damals den Freiern erschweren, im Auto um den Block zu kreisen. Erst als 1972 die Stadt zum Sperrbezirk erklärt wurde, konnte sich die Gegend zum familienfreundlichen Veedel mausern. Heute hat sich der Stavenhof zur beliebten Wohnadresse entwickelt. Wie im Urlaub in südlichen Gefilden könnt ihr euch fühlen, wenn ihr es euch im Hinterhof Arm in Arm gemütlich macht. Vielleicht bringt ihr euch eine Flasche Wein mit, seht den Kindern beim Spielen und den Frauen beim Klaaf zu. Lasst an lauen Sommerabenden das Zusammenspiel der verschiedenen Architekturformen – von ganz alt bis postmodern – auf euch wirken und erweckt mit Engelszungen altes Eigelstein-Flair.

■ Im Stavenhof.
KVB-Haltestelle: Ebertplatz.

## Kusspartner –
# ein Leben lang

Die Frauen, die im Mittelalter mit Anfang zwanzig noch nicht verheiratet waren, vertrauten sich auch in Köln der Hilfe des heiligen Andreas an. Dieser Schutzpatron scheint ein wahrer Tausendsassa gewesen zu sein. So beschränkt sich sein Zuständigkeitsbereich nicht allein auf Liebesangelegenheiten. Auch für Ruhr-, Gicht- und Wundrose-Kranke, ja sogar für Menschen mit Halsstarre ist der Heilige zuständig. Andreas war freilich auch nicht irgendwer, sondern einer der zwölf Apostel, ein Bruder von Simon Petrus. Der Legende nach wurde er an ein Kreuz mit schrägen Balken geschlagen (heute als Andreaskreuz bekannt und an jedem unbeschrankten Bahnübergang angebracht; übrigens auch das Wahrzeichen auf der Flagge Schottlands). Während der Andreas-Nacht (30. November eines jeden Jahres) empfiehlt es sich als Frau, vor dem Zubettgehen ein Glas Wein zu trinken und dann beim heiligen Andreas Fürbitte zu leisten, dass der Zukünftige im Traum erscheinen möge. Eine erste Vorstellungsrunde könnt ihr in der aus dem 10. Jahrhundert stammenden romanischen Kirche St. Andreas bewerkstelligen, wo eine Holzplastik des Heiligen steht. Damit der Apostel auch weiß, wen er im Traum vorführen soll, kann eine solche Gegenüberstellung wie das eine oder andere Küsschen sicherlich nicht schaden (irgendwie müsst ihr ja zeigen, dass es euch ernst ist). Erscheint der Angebetete dann im Traum, so sind Kussschleifen bis ans Lebensende (fast) gesichert.

## Küsschen und ein Gebet bei der Gegenüberstellung mit Apostel St. Andreas

In diesem Zusammenhang interessant ist auch die jüngste unter den großen romanischen Kirchen in Köln: St. Kunibert. Kunibert (ca. 590–663) war einer der ersten Bischöfe von Köln und gleichzeitig jene Person, die von einer Taube an das Grab der heiligen Ursula geleitet wurde. In einer Nische der Krypta des dreischiffigen Kirchenbaus ist ein siebzehn Meter tief hinabreichender Brunnenschacht angelegt, der Kunibertspütz. Dem Brunnenwasser sprach man im Mittelalter fruchtbare Heilwirkung zu. Der Legende nach seien jene Frauen, die partout keine Kinder kriegen konnten, in der Vollmondnacht zum Kunibertspütz gekommen, um dort von dem angeblich fruchtbaren Brunnenwasser zu trinken. Ihren Kindern hätten die Frauen dann erzählt, diese seien aus dem Kunibertspütz

■ St. Andreas. Komödienstraße 4–8. Tel. 0221-16066-0. KVB-Haltestelle: Dom/Hauptbahnhof. Im Internet: www.sankt-andreas.de St. Kunibert. Kunibertsklostergasse 2, 50668 Köln. Tel. 0221-121214. KVB-Haltestelle: Ebertplatz oder Breslauer Platz. Im Internet: www.st-kunibert-koeln.de

gekommen. Seid ihr in ebensolcher Not, so können vielleicht ein Küsschen und ein Gebet an den heiligen Kunibert in der Krypta Abhilfe schaffen.

partner

Rolltreppen im
Kölner Untergrund:
Chancen für endlose
Lippendialoge ...

# Stufenlose
## Küsse

Endlosküsse muss man nun wirklich nicht endlos lange planen. Ganz schnörkellos solltet ihr diese in euer Leben einbauen. Ganz spontan, da, wo ihr gerade geht und steht. Eine schöne Möglichkeit, einen (fast) endlosen Lippendialog zu führen, bieten die zahllosen Aufzüge im Kölner Untergrund der Kölner Verkehrsbetriebe. Die sind nämlich oftmals unerträglich langsam unterwegs. Macht eure Not zur Tugend, und wenn ihr oben oder unten angekommen seid und immer noch nicht genug habt – dann drückt einfach noch einmal den Knopf! Gleiches gilt auch für die Rolltreppen.

Die Aufzüge am Westbahnhof, am Bahnhof Ehrenfeld und an der Körnerstraße sind in ihrer Langsamkeit kaum zu überbieten und daher wärmstens zu diesem Zwecke zu empfehlen!

■ Aufzüge: am Westbahnhof, Venloer Straße 40, KVB-Haltestelle: Hans-Böckler-Platz; an der Körnerstraße in Ehrenfeld, KVB-Haltestelle: Körnerstraße; am Bahnhof Ehrenfeld, Venloer Straße/ Ecke Heliosstraße, KVB-Haltestelle: Venloer Straße/Bahnhof Ehrenfeld.
Rolltreppen: Die KVB-Haltestellen Friesenplatz und Christophstraße bieten eine Vielzahl von sehr langen und langsamen Rolltreppen, wie gemacht zum Verweilen.

# Kuss-Kuss: Kulinarischer Zungenkitzel

Essbares zu teilen hat ja nicht nur religiöse, sondern durchaus auch höchst romantische Aspekte. Was gibt es Schöneres als ein gutes Mahl zu zweit, bei dem man sich schmachtende Blicke zuwirft, unter dem Tisch stumme Dialoge mit den Füßen führt, sich Verliebt- und Dummheiten zuraunt und sich gegenseitig die besten (vielleicht sogar den letzten?) Bissen zuschanzt – einfach nur, weil man dem anderen so zugetan ist? Nicht umsonst hatten bei den alten Ägyptern die Wörter »küssen« und »essen« dieselbe Bedeutung. Der Kölner, weniger sonnenverwöhnt, mag es ursprünglich eher deftig und herzhaft. Der rheinische »Soorbrode« (Sauerbraten) oder der »Halve Hahn« (Roggenbrötchen mit Käse) gehören hier traditionell zu den kulinarischen Genüssen. Liebe geht natürlich durch den Magen, aber gleich mit »Flönz« (Blutwurst)? Mancher glaubt, dass schwere Speisen der Leichtigkeit entgegenstehen – und ist nicht ein gewisser Leicht-Sinn Grundbedingung fürs Küssen?

Kölns Internationalität schlägt sich zweifelsohne auch in seiner Esskultur nieder. Wer zog nicht alles durch Köln und hinterließ seine Spuren? Römer, Germanen, Hunnen, Franzosen, Preußen und das Riesenheer der Imis, das die Stadt bis heute besetzt hält. Und solange nur der Erdmittelpunkt am

Domplatz verbleibt, ist man in Köln für alles offen. Da die richtige Auswahl des kulinarischen Zungenkitzels durchaus die Überleitung für andere Momente sein kann, gehen in der Domstadt Multi-Kulti und multiple Küsse Hand in Hand. Man is(s)t ja sooooooo tolerant!

# Amando

Hat man die Absicht,
dass man küsst/
so muss man erst mit
Macht und List/
den Abstand zu
verringern trachten/
und dann mit Blicken
zärtlich schmachten.

Das Geschmackserlebnis, dem man in diesem zauberhaften kleinen Restaurant beiwohnen kann, würde wohl kaum jemand in Ehrenfeld vermuten. In intimem Rahmen – es gibt kaum fünfzehn Tische – lässt es sich hier ohne viel Schnörkel bei Kerzenschein vortrefflich schlemmen. Heiß zu empfehlen für Frischverliebte, die sich über ihre Weingläser hinweg verliebte Blicke zuwerfen und sich davon überzeugen möchten, dass Liebe ganz klar durch den Magen gehen muss. Vom Gruß aus der Küche über die Vorspeise bis hin zum Dessert werden im Amando kulinarische Liebeserklärungen (nicht nur) an die französische Küche geboten und das mit einer monatlich wechselnden Speisekarte. Der freundliche, zuvorkommende Service (die Besitzerin des Lokals serviert mit) ist nicht zu übertreffen. Hier kann man sich zurücklehnen und sich wie Gott in Deutschland fühlen. Eine Tischreservierung ist ebenso zu empfehlen wie die Crème Caramel mit Tonkabohnen!

■ Amando. Klarastraße 2–4. Tel. 0221-562 60 65, Dienstag bis Samstag ab 19 Uhr, für ein 3-Gang-Menü investiert man um die 40 Euro. KVB-Haltestelle: Körnerstraße. Im Internet: www.amando-koeln.de

# Bieresel

Der Bieresel ist ein echtes kölsches Original. Seit nunmehr fast 700 Jahren sollen hier schon Muscheln serviert werden. Frei nach dem Motto »Wat dem enen sing Leid, is dem andern sing Freud« kann man im Bieresel leider keine Tischreservierung vornehmen, was der Beliebtheit dieses Muschelhauses indes keinen Abbruch tut und es für Frischverliebte eigentlich erst so richtig attraktiv macht: Die »Muscheln in der Schale« oder »aus der Schale« in den unterschiedlichsten Variationen – etwa auf rheinische Art mit Schwarzbrot und Butter, in Weißwein gedünstet oder als Muschelpfannkuchen, darf man nur verkosten, wenn man bereit ist, tapfer auszuharren. Gut und gern ein bis anderthalb Stunden stehen Gäste schon mal an der Theke an, damit sie einen der beliebten Plätze ergattern. Dies ist genau der richtige Moment, um wahrhaftig stundenlang der schönsten aller schönen Aktivitäten, stets umgeben von anderen Wartenden, nachgehen zu können und dabei die erhitzten Gemüter zwischendurch immer wieder schnell mit einem frischen Kölsch vom Fass abzukühlen.

■ Bieresel. Breite Straße 114. Tel. 0221-257 60 90. Täglich 10 bis 0.30 Uhr. KVB-Haltestelle: Appellhofplatz.

# La Patata

Dieses Lokal ist genau der passende Ort, wenn man noch etwas fremdelt und auf den ersten Kuss hinarbeitet. Die Atmosphäre ist ungezwungen: Keine dreißig Personen können an den dicht an dicht stehenden Tischen Platz nehmen. Ganz wie in Spanien erwarten die Frisch- oder in Bälde Frischverliebten ungekünstelte rote Plastiktischdecken und wacklige Holzstühle. Hier wird gelacht, man wird geduzt, und der Geräuschpegel kann dafür sorgen, dass ein Zusammenrücken an den Tischen schnell zum siegreichen süßen ersten Kuss führt.

Wie heißt es so schön in einem der herrlichsten Kuss-Gedichte:

*»Hat man die Absicht, dass man küsst,*
*so muss man erst mit Macht und List,*
*den Abstand zu verringern trachten*
*und dann mit Blicken zärtlich schmachten.«*

Aber nicht nur die kussfreundliche Atmosphäre macht das Restaurant zum idealen Anlaufpunkt. Die Tapas (spanisch für »Appetithäppchen«) kann man sich – hier in großen Schalen angerichtet – an der Theke aussuchen. Die kleinen Tontöpfchen voll der unterschiedlichsten Köstlichkeiten könnt ihr dann in die Mitte des Tisches zwischen euch positionieren. Und wer kann schon einer mit leidenschaftlichem Augenaufschlag überreichten Dattel im Speckmantel oder einer dampfenden Paella mit Meeresfrüchten widerstehen? Richtig, nur ein verhärtetes, eben nicht liebend erweichtes Herz! Die kleinen Happen machen in jedem Falle Appetit auf mehr …

■ La Patata. Kurfürstenstraße 24, Tel. 0221-31 69 02, täglich 18 bis 1 Uhr, KVB-Haltestelle: Chlodwigplatz. Besser reservieren!

# Café Cyclo

Hier lassen sich solch großartige Klassiker vietnamesischer Garküchen wie Pho Bo (dampfende Nudelsuppe mit hauchdünnen Rindfleischstücken, herrlichen Kräutern und Dips) oder üppig gefüllte, frische Frühlingsrollen genießen. Der kulinarische Geheimtipp ist allerdings aus unserer Sicht der sogenannte Hotpot, ein beliebtes vietnamesisches Gericht für mindestens zwei Personen. Ein fondueähnlicher Topf wird mit Brühe gefüllt und zwischen euch gestellt. Ihr werdet mit Stäbchen und einer ganzen Palette an rohen Zutaten – Fisch, Fleisch, Gemüse, Nudeln und Dips – ausgestattet. Dies Vielerlei gilt es nun in der stetig brodelnden Brühe zu sieden und dann mit einigem Geschick wieder herauszufischen. Während die Zutaten im Kessel garen, hat man viel Zeit, sich auf die Lippen des anderen zu konzentrieren. Das Ganze kann sich zu einer sehr verspielten Abendgestaltung entwickeln, indem man sich bei der Suche nach verloren geglaubten Happen gegenseitig hilft (wenn es sein muss auch mit kleinen Siebchen) und bei erfolgreicher Schatzsuche mit heißen Küssen belohnt. Wie bei einer großen Liebesgeschichte gilt: je mehr Zeit vergeht – je mehr Zutaten also in die Brühe wandern –, desto gehaltvoller und konzentrierter wird sie. Am Ende kann die Suppe dann genussvoll konsumiert werden.

■ Café Cyclo. Martinstraße 6–8. Tel. 0221-271 20 88. Täglich 12 bis 23 Uhr, KVB-Haltestelle: Heumarkt. Im Internet: www.cafe-cyclo.de

# Bar Tabac

Ob es sich um das erste Date oder den Jahrestag handelt, den es zielsicher zu begehen gilt: Was liegt näher, als sich in französische Gefilde zu begeben, ohne die Domstadt wirklich verlassen zu müssen? Der Kölner ist schließlich bekannt dafür, selbst im Urlaub die Aussicht op de Dom zu schätzen. An der früheren alten Landstraße nach Paris (gemeint ist die Aachener Straße), unweit des Rudolfplatzes gelegen, ist die Bar Tabac ansässig, die jeden innerhalb von kürzester Zeit in die Stadt der Liebe versetzt, und das nicht nur aufgrund der hervorragenden französischen Karte. Ob Coq au Vin, Bœuf Bourguignon oder diverse Quiches, hier fühlen sich Frischverliebte in rustikaler Pariser Bistro-Atmosphäre schnell heimelig, um sich händchenhaltend dem französischen Gaumenschmaus hinzugeben. Wenn man auch anschließend keinen Spaziergang mit einer Kusseinkehr am Eiffelturm unternehmen kann, so

■ Bar Tabac. Aachener Straße 21. Tel. 0221-589 29 19. Täglich 10 bis 23 Uhr. KVB-Haltestelle: Rudolfplatz. Im Internet: www.bartabac.de

warten in unmittelbarer Nähe der Bar Tabac eine Vielzahl an Möglichkeiten, den Abend küssend zu umrahmen. Welche? Nun, dieses Buch steckt voll davon!

*Süße und wählerische Küsse ...*

# Café Wahlen

Wer es sich an einem verregneten Sonntagnachmittag mit seiner Flamme mal so richtig gut gehen lassen will, der ist beim Café Wahlen goldrichtig. Wie bei Oma, nur noch viel schöner, ist am Büfett die ganze Palette an Sahnetorten-Sünden der achtziger Jahre versammelt. Das Interieur ist ebenfalls stilsicher. Entsprechend sind auch die Bedienungen älteren Semesters und pflegen eine frisch gestärkte Schürze mit gebundener Schleife über dem Allerwertesten zu tragen. Verblüffen mag angesichts dessen das Publikum: In seliger Eintracht naschen hier achtzigjährige Senioren neben kichernden Liebespärchen und ganzen Schwulen- und Lesbencliquen. An einem der Ecktische im hinteren Teil des Cafés könnt ihr euch vortrefflich zurücklehnen und das Treiben beobachten. Ganz unbemerkt lassen sich so auch Stühle etwas enger zusammenrücken, kalte Hände aneinander aufwärmen und mit Sahne gekrönte Kussmünder zueinanderfinden. Hmmm ... Schwarzwälder Kirsch ... hmmm ... Frankfurter Kranz ...

■ Café Wahlen. Hohenstaufenring 64, Altstadt-Nord. Tel. 0221-271 20 88. In der Woche 9 bis 18.30 Uhr; am Wochenende 11 bzw. 12 bis 18 Uhr, KVB-Haltestelle: Rudolfplatz. Im Internet: www.cafe-wahlen.de

# Markthallen–Frühstück

Das Markthallen-Frühstück ist eine kölsche Institution, die Hardcore-Frühaufstehern und Nachtschwärmern die Möglichkeit gibt, (nach einer alkoholumschwängerten Nacht) am Treiben auf dem in der Südstadt gelegenen Großmarkt

(Marktstraße) teilzunehmen – dem »Bauch von Köln«, als den ihn der ehemalige OB der Stadt, Norbert Burger, einst bezeichnete. Das Riesenareal hat viele Nischen und Ecken, die genutzt werden können, um sich in aller Ruhe zu erkunden und endlose Zungengefechte zu liefern. Anschließend (oder vorher oder zwischendurch) könnt ihr ab 4 Uhr in der Früh neben Marktarbeitern und -einkäufern zu Brötchen, Wurst oder Frikadelle oder dem nächsten Kölsch den morgenbetauten Blick des geliebten Gegenübers genauer in Augenschein nehmen.

■ Großmarkt. Das Café befindet sich in der Galerie der Hauptmarkthalle, Montag bis Samstag ab 4 Uhr morgens. Marktstraße 10, Südstadt. KVB-Haltestelle: Chlodwigplatz.

# Unsichtbar

Die Unsichtbar verspricht ein Erlebnis der besonderen Art. Wer sich nicht ganz sicher ist, ob er den oder die Richtige am Haken hat, und sich fragt, ob womöglich nur die äußerlichen Reize den Ausschlag gegeben haben, der ist goldrichtig. Hier wird vor der Tür das Menü gewählt, das dann in völliger Dunkelheit von sehbehinderten oder blinden Kellnern serviert wird. Gegenseitiges Füttern sollte hier vorsichtshalber entfallen, schließlich sieht man die Hand vor Augen nicht. Gerade weil es schwierig ist, das Essen mit dem Besteck wie gewohnt zum Mund zu balancieren, bleibt es allerdings nicht aus, auch einmal die Finger zu Hilfe zu nehmen. Diese lassen sich dann ganz ungeniert gegenseitig von den köstlichen Säften eines über Holzkohle gegrillten Rinderfilets befreien, das mit einem Hauch von Thymian zubereitet wurde.

■ Unsichtbar. Stavenhof 5–7. Tel. 0221-200 59 10. Täglich von 18 bis 24 Uhr. KVB-Haltestelle: Ebertplatz oder Hansaring. Im Internet: www.unsicht-bar.com

In diesem Dunkelbereich kann man sich wirklich hemmungslos näherkommen. Aufregende Zungenspiele, die im Dunkeln noch mal so intensiv wirken, verschrecken hier kein

Auge mehr – gehört wird man dafür umso besser, also: Op-
jepass! Zwischendurch bleibt immer wieder Zeit, um eigentlich ganz geläufige Lebensmittel neu zu entdecken. Wie for-
mulierte es ein Gast noch gleich: »Blumenkohl wird nie
wieder dasselbe sein« und »Essen im Dunkeln ist wie Sex im
Hellen«.

# Osman

*Kulinarische Küsse in luftiger Höhe*

Auch wenn es nicht dem Ausblick
vom Eiffelturm gleichkommt, so
kann das Osman, in luftiger Höhe im
obersten Stock des Mediaturms gelegen, zum
krönenden Abschluss eines gelungenen Abends werden.
108 Meter über dem Boden, dem vom Kölner so heiß geliebten Dom gegenüber gelegen, kann man hier bei gutem
Wetter von der Terrasse oder vom Restaurant aus bis zum
Siebengebirge oder zum Düsseldorfer Fernsehturm sehen
(aber wer will zumindest Letzteres schon?!). In seinen starken
Armen an die Brüstung der 235 Quadratmeter großen Au-
ßenterrasse gelehnt, können sich Frauen schnell wie Kate
Winslet in »Titanic« fühlen. Seine »Ich bin der König der
Welt«-Rufe würden natürlich skeptische Blicke unter der
hippen Osman-Klientel hervorrufen. Aber wer ist nicht bereit, sich im Namen der Liebe, bei Sonnenuntergang oder
Mondenschein ganz hinzugeben und etwas völlig Blödsin-
niges zu tun … Besonderes Highlight ist die
Silvester-Party: Vom 30. Stock aus sieht man
die Funken über Köln sprühen und kann
ganz selbstvergessen »May all Aquaintance be
forgot« anstimmen.

■ Osman. Im Mediapark 8.
Tel. 0221-5005 20 80.
Täglich 18 bis 1 Uhr, am
Wochenende sogar bis 4 Uhr.
KVB-Haltestelle: Christoph-
straße. Im Internet:
www.osman-cologne.de

# Il Gelato

Wem bei schweißtreibenden Temperaturen das Herz in Begleitung höher hüpfen mag, der sollte das Il Gelato in der Südstadt ausprobieren.

Die Eisdiele an sich ist kein besonders heimeliger Ort, aber das Eis hat es in sich: sinnlich zart schmelzende Verführung pur, eiskalt, geschmacklich betörend aus den frischesten Zutaten, die das immer neue Sortiment be-

■ Il Gelato. Goltsteinstraße 32. Tel. 0221-34 18 88. Kugel Eis schon für 70 Cent. KVB-Haltestelle: Schönhauser Straße.

stimmen (bis zu 45 Sorten!). Hier können die Geschmacksnerven noch etwas erleben, kommen Freunde des intimen Eissortenratens auf den köstlichen Lippen des Gegenübers voll auf ihre Kosten: »Ist es Frischkäseeis mit Schoko-Chili, Pflaume-Zimt oder vielleicht Rose? Hmmm … lass mich noch einmal kosten!« Tipp für laue Sommerabende: Hand in Hand eine Kuss-Stafette zum nahe gelegenen Biergarten Alteburg in der Alteburger Straße durchführen (ca. 300 Meter).

# Alte Liebe

Wer eine Kreuzfahrt machen möchte, ohne kölsche Gefilde wirklich verlassen zu müssen, der wird am Rodenkirchener Rheinufer fündig. Hier ist die Alte Liebe vor Anker gegangen, die sich im Sommer wie im Winter vieler Lieb-Haber erfreut. Alte Liebe rostet nicht, sagt der Volksmund. Ob nun mit alter Liebe oder neuem Glück: Vieler Worte bedarf es an diesem schönen Fleck am Rodenkirchener Rheinufer wahrlich nicht. Schon der auffällige rot-weiße Anstrich des Bootshauses sorgt für das rechte Ambiente. Vorbeizie-

*Alte Liebe rostet nicht – denn sie ist aus (anderem) Holz geschnitzt – ein Kussort zum Angewöhnen*

hende Schiffe und das stille Plätschern des Wassers beschwö-
ren Urlaubsflair, in das man sich gemeinsam hineinküssen
kann. Die deutsch-italienische Küche lockt
sommers in den Biergarten an Deck, am
Abend wird das Ganze von Lichterketten umrahmt, und der Sonnenuntergang mit Rhein-
blick ist in den moderaten Preisen natürlich
mit inbegriffen.

■ Bootshaus Alte Liebe.
Rodenkirchener Leinpfad 10,
Rodenkirchen. Tel. 0221-39
23 61. Montag bis Sonntag:
12 bis 1 Uhr. Im Internet:
www.bootshaus-alte-liebe.de

# Küss-Bar

»Nunc est bibendum!« – »Jetzt heißt es trinken!« Latein kommt aus der Mode, Trinksprüche nicht. Im Deutschen gibt es eine ganze Sammlung solcher Auffor- derungen zum zeitlich begrenzten Alko- holmissbrauch, die zuweilen ein wenig paradox anmuten, so beispielsweise das alte Studentenlied »Bier her, Bier her, oder ich fall um, juchhe!« (man bedenke den Gegensatz: »oder ich fall um«!). Dabei wurden und werden im- mer wieder ganz praktische Probleme erör- tert: »Was wollen wir trinken, sieben Tage lang, was wollen wir trinken, so ein Durst«. Der Kölner und seine Lieder rei- hen sich natürlich bis heute in diese Tradition ein. Ob die Bläck-Fööss-Hymne »Drink doch ene met« beschworen wird, Willy Millowitschs »Schnaps, das war sein letztes Wort, dann trugen ihn die Englein fort« oder die »Karawane« der Höhner, die weiterzieht: Trinklieder sind das Salz in der Fei- ersuppe und dürfen gerade in der Domstadt nicht fehlen.

Wir bieten eine Auswahl der besten Kölner Etablisse- ments, in denen es sich gut trinken – und küssen lässt. Exzes- siv oder ganz gesittet. Es muss ja nicht immer alles mit einem Kater enden. Trunken sein kann man auch von exquisitem Kaffee, hervorragendem Tee und, natürlich, warmen Wonne- lippen.

*Küssen mit allen Sinnen – Küss-Bar(e)s in Köln*

# Hörbar

Die HörBar in Köln hat den Trend erkannt und aufgegriffen, der sich seit Jahren im Verlagswesen zeigt: Während der Umsatz mit Büchern in vielen Bereichen vor sich hindümpelt, verbuchen Audioaufnahmen nach wie vor Verkaufsrekorde. Das Sehen mag uns vergehen, das Hören nicht. Dabei ist die HörBar an der Huhnsgasse eigentlich ein Ding der Unmöglichkeit. Die Gäste, meist zwischen 20 und 35, lauschen andächtig und still vertonten Geschichten, als würde man nicht in einer Kneipe, sondern in einer Kirche sitzen; Bestellungen laufen per Zeichencode ab. Die Inhalte haben Kultcharakter und Erinnerungswert, so könnt ihr etwa jeden Donnerstag mit den »Drei ???« mysteriöse Fälle lösen. Während freitags die Horrorfans auf ihre Kosten kommen, locken die anderen Tage mit Hörspielen für Kinder, Freunde der Literatur und Musik. Manchmal werden auch die guten alten Langspielplatten aufgelegt, die mit ihrem atmosphärischen Knarzen an früher erinnern. In unregelmäßigen Abständen werden übrigens auch Liebesgedichte (vor-)gelesen. In diesem kleinen Schatzhaus der Töne für Nostalgiker und Nachtgestalten (Open-End-Abende!) könnt ihr euch vortrefflich küssen – sind doch die roten Sofas einfach zu gemütlich, als dass ihr euch nur hörend darin lümmelt. Schließlich wollen eure anderen Sinne auch auf ihre Kosten kommen.

■ HörBar. Huhnsgasse 40. Tel. 0162 – 8187691, Öffnungszeiten: Dienstag bis Sonntag ab 19:00 (open end). KVB-Haltestelle: Barbarossaplatz oder Zülpicher Platz.

# Buchbar

»Lies mir in den Augen, Kleines/r …« Im Literaturcafé Goldmund könnt ihr 3.000 Bücher zum Lesen zur Hand nehmen oder eurem Liebsten Passagen oder den ganzen Text vortragen. Handverlesenes könnt ihr gegen einen kleinen Betrag dann auch mit auf den Weg nehmen: Read(y) to go sozusagen. Mitunter geht sogar ein eigenes Buch als Zahlungsmittel durch, falls euer Geld für den Kaffee nicht reicht. Das Essen aus mediterraner Küche ist gut, die Preise nicht gesalzen. Autoren lesen mitunter aus ihren Büchern, sommers lockt ein hübscher Biergarten in die Sonne. Das Goldmund, benannt nach Hermann Hesses Roman »Narziß und Goldmund«, ist Teil der Bookcrossing-Society, in der Bücher bewusst liegengelassen werden, um ihren Besitzer zu wechseln (die Buch- und Lesereise lässt sich übrigens im Internet unter www.bookcrossers.de erfahren). Sollte es da nicht auch zum Stützpunkt für Kiss-Crossers werden können? Die Atmosphäre ist jedenfalls genau die Richtige fürs erste Tête-à-Tête: Ein Baudelaire-Gedicht, ein paar Verse von Rimbaud, Neruda oder Rilke dem oder der Angebeteten aus einem Buch vorgeflüstert – und schon wird man die Wirkung von den Lippen lesen können.

■ Goldmund. Glasstraße 2. Tel. 0221 – 534158. KVB-Haltestelle: Venloer Straße/Gürtel oder Liebigstraße.

# Cafébar

»Ein guter Kaffee muss schwarz sein wie der Teufel, heiß wie die Hölle und süß schmecken wie ein Kuss«, besagt ein ungarisches Sprichwort. Schon aus diesem Grund geziemt es sich, ein Café ganz oben auf unsere Liste idealer Kussörtlichkeiten aufzunehmen. Die Cafébar im Agnesviertel erscheint uns dafür als besonders geeignet. Statt biederem Kännchen-Kuchen-Ambiente oder Bistro-Flair, in dem man unter anderem ein bisschen Kaffee trinken kann, geht es hier in allererster Linie um die braune Bohne, ohne die viele Entdeckungen und Erfindungen der Menschheit sicher verschlafen worden wären. Kaffee also in allen Varianten und Variationen und dazu eine stilvolle, schlicht-schöne Atmosphäre. Frühjahrs und sommers könnt ihr zusammen draußen auf

■ Cafébar. Neusser Straße
28. Tel. 0172 – 668 27 99,
Öffnungszeiten: Montag bis
Freitag 7 bis 20 Uhr, Samstag
8 bis 16 Uhr, Sonntag
10 bis 17 Uhr. KVB-Halte-
stelle: Ebertplatz. Eine zweite
Cafébar hat übrigens ihre
Pforten in Nippes an der
Kempener Straße 54 geöffnet.

Bänken sitzen, die vielleicht für zehn Besucher Platz bieten und die Blickrichtung un-
weigerlich auf die Neusser Straße lenken.
Der Besitzer Roy spart nicht mit freundli-
chem Service und schon gar nicht mit hervorragenden Espressos, Cappuccinos, Lattes
mit oder ohne Vanille- und Karamell-Zusät-
zen. Den süßen Nachtisch braucht ihr nicht
zu ordern: Ihr reicht ihn euch einfach selbst,
von Mund zu Mund.

# Teebar

Jeder graue und ungemütliche Tag in Köln ist ein guter Tag –
zumindest für Schorschs Teestube. Denn den Nachteil, im
Sommer keinen wirklich schönen Hof für Freiluft-Sitzen
anbieten zu können, macht dieser Tee-Tempel im Winter mit
einer einzigartigen Gemütlichkeit wett. Würde man in Köln
in einen Schneesturm geraten – sehr unwahrscheinlich, zugegeben – oder in einen nasskalten Regenschauer – täglich wahrscheinlich –, dann ist es zuerst diese
Stube, in der ihr eure frierenden Glieder
und die zitternde Seele mit dampfendem
Tee aus Ceylon, Madagaskar oder Indien
aufwärmen könnt. Tee gibt's nur im
Kännchen, dafür aus fast aller Damen und
Herren Länder. Schorschs Teestube hat etwas sympathisch Viktorianisches an sich: Es
erinnert an das Wohnzimmer eines britischen
Lords aus dem 19. Jahrhundert. Ein Kamin, antiquiertes
Mobiliar und fatal bequeme Sofas laden zum Verweilen, Kuscheln und Träumen ein. Kussgeschichten lassen sich hier
wunderbar erleben. Geht am besten durch den Gang bis in
den hinteren Raum, setzt euch auf das erste Sofa rechts an

*Die Körper-
temperatur mit
heißen Küssen
hoch(sc)halten*

der Wand, bestellt einen animierenden Tee mit Zimt, Vanille oder exotischem Fruchtgeschmack und überwintert, indem ihr eure Körpertemperatur mit heißen Küssen hoch(sc)haltet.

■ Schorschs Teestube. Schillingstraße 46. Tel. 0221 – 7201769. KVB-Haltestelle: Ebertplatz.

# Bewohnbar

Im Multi-Kulti-Stadtteil Ehrenfeld findet sich diese unverzichtbare Kuss-Lokalität. Das Ya Habibi ist durch und durch mit Teppichen, Kissen und kleinen Tischchen ausgestattet. Man sitzt auf dem Boden. Hat man seine Schuhe erst einmal ausgezogen, kann man sich bequem in die Kissen sinken lassen und aneinander kuscheln. Obwohl die Atmosphäre traditionell scheint, weht doch ein frischer Wind durch das Lokal nebst moderner arabischer Loungemusik. Ungewöhnlich: Die arabische Crossover-Küche bietet iranische, türkische, libanesische und marokkanische, frisch zubereitete Gerichte. Das Getränkeangebot ist originell (besonders lecker die ungewöhnlichen Säfte, Lassis oder der schwarze Tee mit Zimt – und ja, selbst Alkohol wird serviert), und wenn ihr euch gegenseitig von der Halwa-Creme kosten lasst, werdet ihr euch tatsächlich wie in einem Traum von 1001 Nacht fühlen. In den vielen liebevoll ausgestatteten Nischen könnt ihr euch stundenlang küssend in den Ecken her-

■ Ya Habibi. Sömmering Straße 48. Tel. 0221 – 5107162. Montag bis Sonntag: 18.30 bis 1.00 Uhr. KVB-Haltestelle: Venloer Straße/ Gürtel oder Körnerstraße. Im Internet: www.yahabibi.de

umdrücken. Ein Zug aus der Wasserpfeife gibt Zeit zum Luftholen. Aber Achtung: Reservierungen sind besonders am Wochenende unabdingbar.

# Vorlesbar

Das Café Duddel bringt nun schon seit einigen Jahren regelrechte literarische Leseblüten hervor. Von seinem recht infantilen Namen (nach der Lieblingskatze des Besitzers) sollte man sich nicht täuschen lassen und neben Großspurig-Amateurhaftem durchaus Großes erwarten.Vorlesen kann hier jeder, solange er Eigenes rezitiert und sich auf circa zehn Minuten beschränkt. Bei der von Gerd Buurmann und anderen moderierten »Literatur um acht« dienstags zwischen acht und elf Uhr abends haben sich schon einige Herzen gefunden, verloren, zerbrochen und auf ewig gebunden. Anders als im betont stilvollen Goldmund lebt diese irgendwie verwackelte Vorlese-Kneipe vom Charme verrückter Möbel-Stücke, studentisch-alternativer Philosophie-Debatten, jahrtausendelang zerflossener Wachskerzen, schön-schummerig vertrödelter Zeit – und der beständigen Möglichkeit, sich jenseits aller Worte nah und näher zu kommen. Ganz klar: Das Duddel und insbesondere die »Literatur um acht« sind auch und gerade etwas für Narziss und Kussmund.

■ Café Duddel. Zülpicher Wall 8. Tel: 0221 – 1300898. KVB-Haltestelle: Dasselstraße/ Bahnhof Süd.

## Jazz im Metronom: Keine Musik ist passender fürs Küssen

# Kontaktbar

Der unsterbliche Jazz ist eine Lebensphilosophie, fernab von allen sterblichen Moden. Denn im Jazz kommt das, was wir im Alltag immer wieder unter Beweis stellen müssen, mit einer glanzvollen Leichtigkeit zum Zuge: Improvisation. Meistens gibt es nur eine Grundmelodie, auf die sich die Jazzer einstimmen. Der Rest ist freies Spiel. Keine Musik ist also passender fürs Küssen, müssen die Lippenspieler doch auch hier oftmals jeden ausgetüftelten Plan über Bord werfen – und einfach loslassen.

Das Metronom ist dafür die ideale KonTaktBar. In diesem gemütlichen, vergilbten Schlauch, seit 1968 eine der allerersten Jazz-Adressen in Köln, könnt ihr euch zu Stoßzeiten unmöglich aus dem Weg gehen. Takt-volle Distanz wäre für

Küssende ohnehin suboptimal. Der amerikanische Besitzer Chris Bishop hat die Ruhe weg und die nötige Coolness, um die schwere »irische Dunkelheit« (Guinness) an Frau und Mann zu bringen. Seine Ruhe kommt nicht von ungefähr, weiß er doch einen wahren Schatz hinter sich: In gewaltiger Zahl reihen sich hinter dem Tresen Jazz- und Klassik-Platten vom Allerfeinsten, eine regelrechte Vinyl-Versuchung. Unter der Woche wird auch Live-Musik geboten.

■ Metronom. Weyerstraße 59 (Nähe Kwartier Latäng). Tel. 02 21 – 21 34 65, 19 bis 1 Uhr bzw. Open End. KVB-Haltestelle: Barbarossa-platz oder Zülpicher Platz.

# Arabar

Nein, wir werden hier weder political incorrect noch political übercorrect. Das wunderbar sinnliche arabische Restaurant Al Salam ist an dieser Stelle auch nicht des Wortspieltitels wegen ausgeguckt worden, sondern allein aufgrund seiner inneren Qualitäten. Al Salam ist tatsächlich ein kleines Märchen, in das es sich beispielsweise nach einem Besuch im orientalischen Bad in der Claudius Therme lukullisch eintauchen lässt. Auf Wunsch werden für euch köstliche Überraschungen zusammengestellt. Die Orient Lounge als moderne orientalische Bar-Variante bietet neben dem klassischen Programm aus nahöstlichen Köstlichkeiten (zum Beispiel einer hervorragenden Lammkeule), duftenden Wasserpfeifen und samtenen Sitznischen ein kleines Fest für die Sinne, von den Deckenmosaiken über die moderne arabische Musik bis hin zu den verspielten Mustern auf den Esstischen. Sanfte Küsse sind hier, natürlich unter Wahrung kultureller Sensibilitäten, durchaus geboten und ein schönes Vorspiel für Weiteres. Ihr braucht also gar nicht auf die 1001. Nacht zu warten, bis es – frei nach Klaus Lage – *zoom* macht.

■ Al Salam. Hohenstaufen-ring 22, 50674 Köln. Tel. 02 21 – 21 67 13 oder 02 21/201 98 82. KVB-Haltestelle: Barbarossaplatz. Näheres, vor allem Bunt-Fotografisches, unter: www.al-salam.de

# Unscheinbar

Das Gegenteil ihres Namens ist die Scheinbar im Belgischen Viertel nur von außen. Tritt man ein, so wird man von den Farben des Interieurs, das zwischen Rot, Blau und Orange-Braun oszilliert, und der hippen Musik wechselnder DJs zwischen House, Funk und Pop gefangen genommen. An Wochenenden ist diese Bar meist gerammelt voll, also kommt entweder früh (zur Happy Hour von 20 bis 21 Uhr) oder geht bei Gelegenheit unter der Woche hin. Das Licht ist angenehm gedimmt, und in einer der Sitznischen, versteckt hinter hippen Siebziger-Jahre-Raumteilern, oder an der Rundtheke, umgeben von jungem Kölner Partyvolk, könnt ihr zu Kölsch und einer reichen Auswahl an Cocktails hingebungsvolle Küsse tauschen.

■ Scheinbar. Brüsseler Straße 10, Belgisches Viertel. Tel. 0221 – 9232048. Öffnungszeiten: Montag bis Donnerstag 20 bis 2 Uhr, Freitag und Samstag bis 4 Uhr. KVB-Haltestelle: Zülpicher Platz.

# Strandbar

»Neun Monate Winter und kein Sommer«, maulte einst der sonnenverwöhnte Römer Julius Cäsar übers feucht-neblige Germanien. Würde er heute in Köln verweilen, der gute Mann müsste sich wundern. Zwar ist es den Kölnern noch nicht gelungen, die Sonne zu bändigen, aber die Gezeiten haben sie schon halbwegs im Griff, zumindest eines ihrer beliebtesten Produkte: den Sand. Natürlich gibt es Strandbars in deutschen Großstädten inzwischen wie Sand am Meer. Am Rheinparkweg 1 lädt euch mit dem Beach Club jedoch ein besonders ansprechendes Kunstlandschaftsprodukt mit Bars, Lounges, Hängematten und Strandstühlen zum Verweilen ein. Braune, ölige Körper räkeln sich hier in der Sonne oder flanieren brünftig an der Promenade. Abends lockt der Blick auf den Dom, den die Sonne, fasziniert von seiner

Pracht, in ihr goldenes Licht taucht. Zum Küssen schön. Am Sonntag könnt ihr ein spezielles »Chill out Breakfirst« bekommen, das ihr auch ordern könnt, ohne gleich Denglisch zu reden.

In der Innenstadt werden euch ebenfalls Sandstrand und gute Laune im urbanen Ambiente angeboten. Und auch hier ködert der obligatorische Blick auf den Dom, dessen Anblick nicht nur Touristen immer wieder das Herz erwärmt. Auf dem Kaufhof-Parkhaus P2 an der Hohen Straße könnt ihr euch bei gutem Wetter von Mai bis Mitte September zu zweit in südlichere Gefilde hineinträumen. Dem Himmel so nah, den Blick über die Innenstadt, das Rauschen der Palmen im Ohr, die Füße von Sand bedeckt, entspannt ihr bei Lounge-Musik. Heißer Tipp: Macht es euch tagsüber zu zweit auf den riesigen Betten gemütlich. Dank Sonnensegel müsst ihr auch ausgedehnte Kuss-Abenteuer nicht mit gegerbter Rothaut bezahlen. Die Getränke sind zwar etwas teurer als anderswo, dafür muss hier kein Eintritt gezahlt werden.

*Zum Küssen schön – das Kölner Strandleben*

■ Beach Club. Rheinparkweg 1, 50679 Köln, Tel: 0221 – 8809531. KVB-Haltestelle: Tanzbrunnen.
Sky-Beach auf dem Parkhaus P2 des Kaufhof. Hohe Straße/An St. Agatha. Montag bis Samstag, 12 bis 1 Uhr, sonntags schließt der Himmelsstrand schon um 23 Uhr. KVB-Haltestelle: Neumarkt oder Heumarkt. Im Internet: www.sky-beach.de

# Cocktailbar

Wir können dieses Kapitel nicht enden lassen, ohne einen der größten Klassiker unter den Drinks und eine seiner Kölner Kultstätten gewürdigt zu haben. Gemeint ist natürlich der Cocktail. Dass dieser nicht einfach nur ein – wie das Digitale Wörterbuch der deutschen Sprache des 20. Jh. sagt – »eisgekühltes Mischgetränk aus Rum, Branntwein, Likören und Fruchtsäften« ist, sondern eine Kunstform darstellt, lässt sich im Rubinrot in Köln-Ehrenfeld erleben. Hier kann der Cocktailfreund großartige Cocktails schlürfen. Aufregend anregend sind dabei viele der exotischen Zutaten, die verwendet werden (zum Beispiel Zitronengras, Ingwer, Tamarinde). Weil der Cocktail über eine ziemliche Ladung Sexappeal verfügt, ist er das ideale Eröffnungs- und Begleitgetränk fürs Küssen. Und welche Cocktailbar in Köln wäre besser geeignet für ein Kuss-Spektaktel der besonderen Art als das Rubinrot? Schon der Name dieses Etablissements erinnert an samtig-rote, wohlig-warme Lippen. Das schwere braune Mobiliar und das schummrige, dunkelrote Licht tun ein Übriges dafür, dass ihr einfach immer weiter sitzen bleiben wollt, um euch auf die leuchtenden Augen des anderen zu konzentrieren und einen Kussdrink auf den nächsten folgen zu lassen.

■ Rubinrot. Sömmering-straße 10. Tel. 0221 – 9901698. Öffnungszeiten: täglich 20 bis 3 Uhr. KVB-Haltestelle: Venloer Straße/Gürtel. Im Internet: www.rubinrotkoeln.de

# Exhibitionistische Küsse

An einem bitterkalten Wintersonntag vor einigen Jahren spielte sich die folgende Begebenheit im Gedränge auf dem Kölner Weihnachtsmarkt am Heumarkt ab: Zwei Frischverliebte, die sich gerade erst gefunden zu haben schienen, lehnten sich hingebungsvoll küssend an die Seitenwand einer Glühweinbude, ganz in sich versunken, als ein kleines Mädchen unter dem Gelächter der um sie herumstehenden Passanten laut tönte: »Iiiihhhhh, die küssen sich.«

Wer in der Öffentlichkeit küsst, sollte sich bewusst sein, dass Zuschauer mal erfreut, mal genervt reagieren und sich mitunter sogar vom Anblick anderer Küssender zum eigenen Kuss-Abenteuer inspirieren lassen. Der Kölner, der ja bekanntermaßen nach dem Motto »levve un levve losse« handelt, wird eher selten einschreiten; einen schnellzüngigen Kommentar hingegen kann er sich in der Regel nicht verkneifen. Um solche Küsse in der Öffentlichkeit, von manchen vielleicht sogar als anstößig empfunden, soll es im Folgenden gehen.

## Museale Küsse

Obwohl Köln trotz der großen Vielfalt an beachtlichen Museen und Kunstsammlungen (vgl. etwa www.museenkoeln.de)

## Ein Dauer-Kuss seit 200 Jahren: Wo gibt's denn das?

nicht über das Original von Auguste Rodins »Der Kuß« verfügt, kann die Domstadt durchaus mit Kunst-Küsse(nde)n aufwarten. So wird im in Domnähe liegenden Museum für Angewandte Kunst dem Kuss ausgiebig gehuldigt. Von Christian Gottfried Jüchtzer aus Biskuitporzellan geschaffen, ist dort die Statue »Diana und Endymion« ausgestellt. Die zwei leidenschaftlichen Küsser geben sich schon seit gut 200 Jahren dieser schönsten aller Tätigkeiten hin, genauer gesagt seit 1787.

Begebt euch also ins Museum für Angewandte Kunst. Das bereits seit 1888 existierende Kölner Museum birgt eine der bedeutendsten deutschen Sammlungen europäischer angewandter Kunst sowie eine Designausstellung seit Anfang des 20. Jahrhunderts. Sucht und findet die kaum 30 Zentimeter hohe Jüchtzer'sche Porzellanfigurine und bringt euch vor ihr in Kuss-Position. Dabei könnt ihr natürlich auch die Stellung der Kuss-Statue nachahmen und andere Betrachter zu einer angeregten Diskussion über die Gefühlswelt der Küssenden wie über die Absichten des Künstlers entfachen. Reagiert ein Bildungsbürger unwirsch auf eure öffentliche Kuss-Interpretation, so verweist ihn einfach darauf, dass es sich bei eurer Pose ganz einwandfrei um gelebte Kunst oder eben um künstlerische Freiheit handelt.

■ Museum für Angewandte Kunst. An der Rechtsschule. Tel. 0221-221-267 35. Öffnungszeiten: Dienstag bis Sonntag 11 bis 17 Uhr. KVB-Haltestelle: Dom/Hauptbahnhof. Im Internet: www.museenkoeln.de/museum-fuer-angewandte-kunst.

## Wissenschaftliche Kuss-Erforschung

Ein Kuss, so haben japanische Wissenschaftler herausgefunden, besteht aus 60 Milligramm Wasser, 0,5 Milligramm Eiweiß, 0,4 Milligramm Salz und 0,8 Milligramm Fett. Grauenerregende 300–22.000 Bakterien sollen dabei ihren Besitzer wechseln (von den meisten allerdings, so ist beruhigenderweise zu lesen, ist nichts zu befürchten).

Die kalorische Bilanz ist enttäuschend: Nach drei Minuten sind sage und schreibe gerade einmal 12 Kalorien verbraucht worden. Dafür werden Adrenalin und Insulin verstärkt ausgeschüttet, und die Körpertemperatur steigt. Alles das haben wir ja schon selbst am eigenen Körper erlebt: Das Herz schlägt schneller, die Knie werden weich, und es wird inwendig wohlig warm …

Wem durch diese wissenschaftlichen Angaben die Lust auf Kussaktivitäten nicht vergangen ist, der begebe sich auf den Campus der altehrwürdigen Kölner Universität, gegründet 1388 als vierte Universität im Heiligen Römischen Reich Deutscher Nation. Während sie zu damaliger Zeit mit rund 700 Eingeschriebenen zu den größten europäischen Universitäten gehörte, so ist sie im 21. Jahrhundert mit rund 50.000 Studenten immer wieder zur größten Universität Deutschlands avanciert. Die Beliebtheit der Universität, da ist man sich unter Studenten und natürlich unter Kölnern völlig einig, liegt vor allem an der kulturellen Vielfalt und der ausgeprägten Partyszene in der Domstadt, weniger jedoch an der Schönheit der weit verstreuten Lehr- und Lernanstalt im Zement-Stil der

■ Hörsaalgebäude der Universität zu Köln (Gebäude-Nr. 105). Albertus-Magnus-Platz, Öffnungszeiten: täglich 8 bis 21.30 Uhr. Universitäts- und Stadtbibliothek (Gebäude-Nr. 107), Universitätsstraße 33, Öffnungszeiten: täglich 9 bis 24.00 Uhr (Lesesaal). KVB-Haltestelle für Hörsaalgebäude und Universitätsbibliothek: Universitätsstraße. Zur Lage der Gebäude vgl. im Internet: www.uni-koeln.de/uni/service_oeffnungszeiten.html

Nachkriegsjahre (im Internet: www.uni-koeln.de). Während des Semesters bietet sich im Bereich der Vorlesungsgebäude die Möglichkeit, ein Kussereignis der besonderen Art zu inszenieren: Denn manche der Räume im Hörsaalgebäude und in der Universitäts- und Stadtbibliothek (alle in Reichweite des Albertus-Magnus-Platzes) sind ebenerdig und haben Panoramafensterscheiben (sic!). Diese bieten sich wunderbar an, um davor Küsse auszutauschen und gelangweilten Studenten ein wahrhaftes Kuss-Kino zu bieten. Wenn ihr euch am späten Mittag vor so einem Vorlesungssaal zum Küssen positioniert, werdet ihr schlagartig bis zu 200 Menschen gleichzeitig an euren Lippen hängen haben.

Kleiner Tipp: Auf dem Schoß des Albertus-Magnus-Bronze-Gusses, den der Künstler Gerhard Marcks 1956 anfertigte, lässt es sich in aller Ruhe an exponierter Stelle schnäbeln.

# Phil-harmonisch
## Küssen

Seit ihrer Eröffnung im Jahre 1986 ist die Philharmonie nicht mehr aus dem kulturellen Leben Kölns wegzudenken. Einerseits sind die Siebziger-Jahre-Architektur und die über dem Konzertsaal gelegene begehbare Plattform, die bei jedem Konzert zur Lärmvermeidung abgesperrt werden muss, immer wieder Anlass zum Frotzeln gewesen; andererseits ist der Kölner zu Recht stolz auf die Vielfalt des Programms, das E- wie U-Musik ganz selbstverständlich umfasst. Allerdings ist gerade das etwas konservativere Publikum bei Konzertveranstaltungen des Gürzenich- oder des WDR-Sinfonie-Orchesters bestens dazu geeignet, euren Kuss-Eskapaden beizuwohnen. Die Karten für Sitzplätze, die genau hinter dem Orchester liegen, werden bei diesen Veranstaltungen für nen Appel und en Ei verkauft. Bewaffnet mit einer guten Handvoll der im Foyer gratis verteilten Hustenbonbons, kann man sich hier bei symphonischer Untermalung und zur Empörung des auf der anderen Seite des Orchester platzierten Publikums küssen – küssen – küssen und gemeinsam nicht nur Bonbons vernaschen. Was kann es Schöneres für exhibitionistische Gelüste geben als einen freien Blick auf eure ganz spezielle Aufführung?

■ Kölner Philharmonie. Bischofsgartenstraße, Tel. 0221-20 40 80. KVB-Haltestelle: Dom/Hauptbahnhof. Im Internet: www.koelner-philharmonie.de

# Grün, gelb, rot …
## per Knopfdruck auf Kuss geschaltet!

Überall, wo Menschen warten, lassen sich erfolgreich (aufsehen)erregende Küsse austauschen. Warum nicht einmal spätnachmittags die Pendler-Meute auf der Inneren Kanalstraße auf ihrem Weg durch den Asphaltdschungel mit ein paar feurigen Küssen beglücken? Einfach an einer der vielen Ampeln am Wegesrand stehen bleiben. Günstig dafür sind: Ampeln an der Ecke Venloer Straße/Innere Kanalstraße oder auch Aachener Straße/Innere Kanalstraße; die Letztere weist eine starke Frequentierung von Fußgängern und KVB-Reisenden auf, die ebenfalls in den Bann geschlagen werden können. Auch die Ampeln an den Ringen, zwischen Rudolfplatz und Friesenplatz, sind hierfür gut geeignet. Gerade an Frei-Tagen geht es nur noch im Schneckentempo weiter. An Frei-Abenden hingegen, wenn junge Nachtschwärmer ihren hohen Grad an Testosteron vorführen und auf den Ringen ihre Kreise ziehen, wird man sicherlich Begeisterungsstürme mit einer handfesten Knutscherei am Straßenrand auslösen.

*Freie Fahrt für Kussspiele*

■ Venloer Straße/Innere Kanalstraße. KVB-Haltestelle: Piusstraße. Aachener Straße/Innere Kanalstraße. KVB-Haltestelle: Innere Kanalstraße. Habsburger Ring und Hohenzollernring erreicht man am besten über die KVB-Haltestellen: Rudolfplatz oder Friesenplatz.

## Mediale Küsse

Schon seit 1992 gibt es die MTV Movie Awards, bei denen alljährlich auch der beste Filmkuss prämiert wird. Dort werden so unvergessliche Küsse wie die zwischen Anna Chlumsky und Macaulay Culkin (der Jungdarsteller, dessen Namensvorbild aus jenem unsäglichen Kinderfilm »Kevin – Allein zu Haus« wir eine Vielzahl von ganz realen Nervensägen in Ehrenfeld, Kalk und Chorweiler zu verdanken haben) in »My Girl« oder die zwischen Angelina Jolie und Brad Pitt in »Mr. & Mrs. Smith« ausgezeichnet. Allerdings, so wird hinter vorgehaltener Hand gespottet, bedeutet nicht jeder Filmkuss ein beiderseitiges Vergnügen. Der gut aussehende Leonardo DiCaprio etwa soll nach Aussagen seiner Kolleginnen ein ausdauernd schlechter Küsser sein.

Franka Potente gab sogar an, ihr sei leicht schlecht geworden, als sie Johnny Depp küsste. George Clooney hingegen sei ein wirklich guter Küsser, so Jennifer Lopez.

*Warum in die Ferne schweifen, wenn das Gute küsst so nah?*

Doch warum in die Ferne schweifen, wenn das Gute küsst so nah? Vertrauen wir deshalb getrost dem kölschen Gassenhauer: »Kölsche Junge bütze jot, wie die Stars in Hollywood«.

In einer Stadt wie Köln, die sich gern als Medienhauptstadt bezeichnet, in der zahlreiche TV-Sender, Film- und Fernsehproduktionsfirmen ansässig sind, wo eine Vielzahl von Radiostationen, Verlagen und sogar eine eigene Kunsthochschule für Medien existieren, liegt es nahe, einmal selbst medial kreativ zu werden. In der heutigen Zeit, in der jedes Handy über eine Aufnahmefunktion für kleine Videos und Audiotracks verfügt, sollte die technische Seite kein Problem mehr darstellen.

Dreht euren eigenen Film, stellt ihn bei YouTube (www.youtube.com) oder anderen Videoplattformen ein und zeigt, was ihr kusstechnisch draufhabt! Schnittprogramme können als Shareware im Internet heruntergeladen werden, einfach mal googeln, was das Netz zu bieten hat! Dabei ist ein kleiner Film, in der *sie* echte Frösche (oder eine Krötenattrappe) küsst und *er* sich in einen leibhaftigen Prinzen verwandeln genauso denkbar wie das Erstellen einer Foto-Lovestory à la Bravo, in der die ersten gemeinsamen Tage und Stunden verarbeitet werden und natürlich und vor allem die ersten süßen Küsse. Spannend wäre es auch, sich tagsüber in die Kölner

Innenstadt (etwa auf die Ehrenstraße) oder nächtens ins lebhafte Studentenviertel, das sogenannte »Kwartier Latäng«, zu begeben und dort Passanten zu überreden, sich vor der Kamera oder dem Mikrofon küssend in Szene zu setzen – allein, zu zweit, zu dritt, zu viert … Den Ideen sind keine Grenzen gesetzt!

## »Man sieht uns, man sieht uns nicht ...«

Der Kick am exhibitionistischen Kuss besteht natürlich im Sehen und Gesehenwerden. Etwas, was der Kölner zwar nicht ganz so elegant beherrscht wie der Düsseldorfer (man denke an die Autokorsos, die sich jedes Wochenende laut hupend über die Ringe bewegen), doch sicherlich ebenso erfolgreich. Wählt man einen stark frequentierten öffentlichen Raum aus, so ist den Küssenden stets bewusst, dass und von wem sie beobachtet werden. Ganz anders, wenn ihr euch nur unter den »Augen« einer surrenden Kamera bewegt. Wir empfehlen die diversen Frauenparkplätze, über die die Domstadt verfügt. Ein fast schon großstädtisches Flair weist dabei das Parkhaus unter dem Mediapark auf – oder sollte man die »Parkhausstadt« sagen?! Hier reiht sich unterirdisch ein Parkhaus an das andere, und jede Parkgarage besitzt zahlreiche Frauenparkplätze, die natürlich per Kamera überwacht werden. Positioniert euch – auf die Plätze – fertig – los: Den Wachmann wird's freuen …

Auch auf den Bahnsteigen des Kölner Hauptbahnhofs finden sich fast überall Kameras. Selbst der eine oder andere KVB-Zug ist für ein solches Kuss-Spektakel der besonderen

*Ein Kuss-Kick unter den »Augen« einer surrenden Kamera*

Art gut geeignet. Wer ein potenziell größeres Publikum erreichen möchte, dem seien die vielen in der Stadt verstreuten Webcams ans Herz gelegt.

So hat man etwa am 4711-Haus in der Mühlengasse die Gelegenheit, seine Küsse in die Weite Web Welt zu entsenden. An fünfzehn verschiedenen Verkehrsknotenpunkten der Stadt bieten sich weitere Möglichkeiten.

■ Auf www.parkhaus.org oder auf der Website der Stadt Köln findet man Hinweise zu den zahllosen Parkhäusern innerhalb und außerhalb von Köln: www.stadt-koeln.de
Aktuelle Links unter der Website der Stadt Köln: www.koeln.de/tourismus/webcams.html

## Musikalische
# Knutschflecke

In dem Song mit dem Titel »Ganz leicht« aus dem Album »Kuss« (2005) erteilt der bekannte Musiker und Showmaster Götz Alsmann folgende Kuss-Ratschläge:

> *»Nicht zu rüde, nicht zu seicht,*
> *nicht zu müde, nicht zu weich,*
> *nicht zu schlapp, nicht zu nass,*
> *mit frischem Atem, das macht Spaß.«*

Ganz in diesem Sinne lasst euch inspirieren und sucht eine der größeren Musikabteilungen Kölns auf. Saturn und Co bieten zwar ein nicht eben kuscheliges Ambiente, allerdings haben sie zwei Vorteile: Sie werden von Menschen in allen Lebenslagen und -Altern frequentiert und verfügen über die Möglichkeit, sich Musik über Kopfhörer anzuhören, bevor man sie kauft. Sucht euch die für euch richtige Musik. Es müssen natürlich nicht Götz Alsmanns Jazz-Elegien sein. Wie wäre es mit dem Achtziger-Klassiker »Kuschelrock« oder einer anderen Liebes-Kompilation? Anregend wirken ebenso Soundtracks von »Notting Hill« bis »Dirty Dancing« oder Latin- oder Lounge-Musik … ganz nach eurem Geschmack! Sucht zwei Kopfhörer nebeneinander. Schließt die Augen, öffnet die Lippen und vergesst alles um euch herum, bis euch möglicherweise der nette Verkäufer auf die Schulter klopft und im Interesse der Allgemeinheit euren musikalischen Knutschflecken ein Ende setzt.

*»Nicht zu rüde, Nicht zu seicht, Nicht zu müde, Nicht zu weich …«*

Dass der Kölner gern singt, zeigt sich schon an der immer größeren Beliebtheit der vorkarnevalistischen Veranstaltung »Loss mer singe«, bei der Groß und Klein zusammenkommt, um die neuesten Karnevalslieder vor der Session in der Veedelskneipe nebenan oder in großen Veranstaltungshallen gemeinsam einzustudieren. Dieser Trend geht Hand in Hand mit der immer größeren Zahl von Karaoke-Bars in der Domstadt. Zugegeben, hier ist weniger kölsches als internationales Liedgut angesagt, was der Beliebtheit der Karaoke-Bars allerdings keinen Abbruch tut. Das Schöne: Hier kann man zu einer ganzen Reihe von Kuss-Liedern schmachten, die ihr mit dem Mikrofon in der Hand sogar dem oder der Liebsten widmen könnt. Wie wäre es mit »Kiss« von (Symbol – The artist formerly known as) Prince, The Cure oder Marilyn Monroe, »Kiss from a rose« von Seal, »Suck my kiss« von den Red Hot Chili Peppers oder Chers »It's in his kiss – The Shoop Shoop Song«? Dass man nicht unbedingt singen können muss, um romantische Ge-

■ Die Thai Royal Karaoke Bar (Hohenzollernring 46. Öffnungszeiten: täglich 18 bis 5 Uhr. KVB-Haltestelle: Rudolfplatz oder Friesenplatz) bietet Karaoke in großer Runde und köstliche Cocktails. In der Sushioke Karaoke Bar in der Altstadt (Große Neugasse 42, Öffnungszeiten: täglich ab 19 Uhr. Tel. 0221-271 26 08; KVB-Haltestelle: Heumarkt) kann man darüber hinaus kleinere Nebenräume mieten und sich mit Freunden in einen etwas intimeren – typisch asiatischen – Rahmen zurückziehen.

fühle auszudrücken, sondern sich vielmehr trauen sollte, einfach was Verrücktes zu tun, zeigt sich ja besonders schön im Film »Die Hochzeit meines besten Freundes«, wo Cameron Diaz in der Rolle der Kimmy unnachahmlich schräg ihrem Verlobten eine absolut wunderschöne Gesangseinlage darbringt. Merke: Wer wagt, der gewinnt – im Anschluss daran ist das eine oder andere Küsschen garantiert.

## Küsse im Rampenlicht der Kölnarena

Gerade bei Sportveranstaltungen kann die Kölnarena, dieses gigantische Veranstaltungshaus, zum passenden Ort eurer ganz persönlichen Kussveranstaltung avancieren. Denn dann kommt der imposante, 20 Tonnen schwere Videowürfel zum Einsatz. Dieser schwebt in luftigen 21 Metern Höhe und zeigt live aufgenommene Bilder gestochen scharf auf allen vier Seiten (jede Seite verfügt über ca. 20 Quadratmeter Fläche). Für jedermann gut sichtbar werden sportliche Ereignisse so selbst von weiter entfernt gelegenen Plätzen nah rangeholt. Während in den Spielzeiten nur kurze Kameraschwenks durchs Publikum erfolgen, nehmen die Kameramänner in den Pausen gern auch mal einzelne Zuschauer aufs Korn – etwa auch, um geeignete Kandidaten für Zuschauerspiele auszuwählen. Während also der größte Teil des Publikums in der Pause zu den vielen Erfrischungs- und Erleichterungsstätten der Halle flüchtet, solltet ihr die Chance nutzen, euch in die richtige Position zu bringen. Steht auf (vielleicht sogar auf die Sitzplätze – aber Vorsicht, nicht umkippen!), küsst euch in allen Kuss-Variationen und hofft, dass man auf euch aufmerksam wird. Schnell könnte es sein, dass

*Kuss-Variationen vor Tausenden von Zuschauern*

sich einige tausend Zuschauer mit euch freuen, wenn ihr auf 180 Monitoren für einen kurzen Moment zu den Kuss-Stars der Arena werdet. Überbieten könnt ihr das ganze noch, wenn ihr zusätzlich mit Hilfe eines vorher angefertigten Schildes mediale Kussbotschaften versendet – »Küssende Haie-Fans aller Welt, vereinigt euch« oder Ähnliches.

■ Kölnarena. Willy-Brandt-Platz 1, 50679 Köln. KVB-Haltestelle: Deutz-Kalker Bad, Köln-Deutz oder Bahnhof Deutz/Messe. Im Internet: www.koelnarena.de

## Küsse bei Dr. Müller und Co

Obschon der Kölner nicht gerade für sein zurückhaltendes Wesen bekannt ist, hat auch in Köln der Sexshop sein anrüchiges Image nicht ganz verloren. Doch wer hat sich noch nicht den Kopf verdreht, um entweder zu sehen, was sich in der Auslage bei Dr. Müllers Sexworld befindet (einem Ableger der Beate-Uhse-Kette) oder wer gerade aus dem Laden heraustritt (oder im Zweifel beides). Hier sind schließlich auch die sogenannten Film-Kabinen untergebracht, in denen man sich für den einen oder anderen Euro unterschiedlich geartetes Pornomaterial zu Gemüte führen kann. Auch in einer Kabine kann man es sich behaglich einrichten. Den blinkenden Bildschirm vor sich, könnt ihr erstickten Geräuschen aus anderen Kabinen lauschen und euch in aller Ruhe erkunden. Die Wagemutigern unter euch, die andere nicht nur hören, sondern auch sehen wollen, sollten sich dienstags oder samstags in die 1. Etage in eines der Kinos begeben (Kino 4 ist dann nur für Paare reserviert).

■ Dr. Müller. Hohenzollernring 32-34. KVB-Haltestelle: Rudolfplatz oder Friesenplatz. Lady's Toys. Geyergasse/Ecke Gürzenichstraße, Tel. 0221-257 10 01. Montag bis Freitag 14 bis 19 Uhr, Samstag 11 bis 16 Uhr. KVB-Haltestelle: Heumarkt. Im Internet: www.ladys-toys.de

Wem das alles zu aufdringlich oder schmuddelig erscheint … und wer es etwas ruhiger und hochwertiger möchte, dem gefällt es vielleicht, den Frauensexshop in der Altstadt zu besuchen. Der ist klein, aber fein, hell und freundlich gestaltet und hält neben kompetenter Beratung die schönsten Stücke bereit – von perlengefüllten Delfin-Vibratoren bis hin zu den neckischsten Dessous. Frauensexshop ist hier übrigens wörtlich zu nehmen. Männer dürfen den Laden nur an zwei Tagen in der Woche (Donnerstag und Samstag) in Begleitung einer Frau betreten. In dieser stimulierenden Umgebung werdet ihr sicherlich auch den einen oder anderen erregten Kuss verschenken wollen.

## Küssen als
# Nebenverdienst

Wie oft sieht man Kleinkünstler in der Kölner Innenstadt, die sich geschminkt und kostümiert auf ein kleines Podest begeben. In erstarrter Pose warten sie darauf, dass spendable Passanten ihnen einige Münzen in den Hut werfen, worauf sie dann zum Leben erwachen. Warum aus so einer einfachen Idee nicht einmal ein gemeinsames Kuss-Vergnügen machen, für das ihr dann auch noch bezahlt werdet?

Gesagt, getan: Sucht euch einen belebten Platz – denkbar etwa auf der Domplatte, vor dem Römisch-Germanischen Museum oder in der Altstadt. Stellt einen Hut auf und erstarrt in schönster Kusspose, mit oder ohne Podest … In kürzester Zeit werdet ihr von Schaulustigen umringt sein, die sich von euren Küssen inspirieren lassen.

Der im Guinness-Buch der Rekorde verzeichnete Weltrekord im Dauerküssen liegt übrigens bei unglaublichen 34 Stunden und 11 Minuten. In dieser Zeit musste das spanisch-holländische Pärchen die Lippen ununterbrochen aufeinanderpressen. Eine einfachere Abmagerungskur kann sich kaum jemand wünschen. Begehrt in den Armen ihres Mannes zu liegen und alle drei Minuten 12 Kalorien zu verbrennen! Nach 34 Stunden sind das immerhin über 8.000 Kalorien. Der Gesamtbedarf von vier Tagen!

Hast Du noch nicht den richtigen Kusspartner gefunden, so stell dich trotzdem auf. Nimm allerdings neben dem obligatorischen Hut ein Schild mit, auf dem etwa stehen könnte: »Küssen ist die Sprache der Liebe. Also komm her und sprich dich aus.« Vielleicht brichst Du im Zuge einer solchen kostenlosen Kuss-Verteilung dann ja auch den Kuss-Rekord des Titel- verteidigers Alfred Wolfram von 1990. Inner-

*34 Stunden und 11 Minuten: Rekord im Dauer-Küssen*

halb von nur acht Stunden küsste er in New Brighton sage und schreibe 8001 Frauen. Ein nicht unerwähnenswerter Takt von 3,6 Sekunden pro Dame.

In ähnlichem Stil hatte bereits im Jahre 2004 der Austra- lier Juan Mann begonnen, nur mit einem Schild bewaffnet in der Fußgängerzone von Sydney an Wildfremde kostenlose Umarmungen zu verteilen. Die mittlerweile global tätige Free-Hugs-Bewegung ist sogar bis nach Köln vorgedrungen. Denn auch hier leben genügend Umarmungswillige, die sich etwa an der Hohe Straße fremden Menschen an die Brust werfen und für glückliche Gesichter rundherum sorgen.

New York bietet immer den passenden Rahmen für ein friedliches Kuss-Happening. Hier wird seit Jahren alljährlich eine der berühmtesten Kuss-Fotografien nachgestellt. Das Kiss-in soll als Aufruf zum Weltfrieden verstanden werden. Jenes Bild, das im Life-Magazin abgedruckt zu Weltberühmt- heit gelangte, wurde übrigens am 14. August 1945 von Alfred Eisenstaedt eher zufällig auf dem New Yorker Times Square aufgenommen: Auf die Nachricht hin, dass Japan kapituliert habe und damit dem Zweiten Weltkrieg endgültig ein Ende bereitet worden sei, hatte ein Seemann – im allgemeinen Ju- bel der auf dem Platz zusammengekommenen Massen – sei- ne Lippen einer neben ihm stehenden Krankenschwester aufgedrückt. Als Seemann und Krankenschwester verkleidet, mit Seemannskappe und Rosen angetan, kehren daher viele Menschen immer wieder zum Times Square zurück, um ihre Lippen für sich sprechen zu lassen.

# La haute Kussture

Küssen kommt von Kunst, und Kunst kommt von Können. Na ja, ein bisschen weit hergeholt ist das schon, geht das mittelhochdeutsche »küssen« doch eigentlich nur auf ein den Laut des Lippenkusses nachahmendes »ku« zurück. Aber auch Lautmalerei ist Kunst, und haben nicht alle Großen der Literatur den Kuss an irgendeiner Stelle beschrieben und besungen?

Wir wollen euch dazu animieren, den Kuss als Kunst zu betrachten, die man erlernen kann – am besten in einer kunstträchtigen Atmosphäre. Wiederum werden elf Orte geboten, an denen sich's vortrefflich küssen lässt.

## Im Osten
### geht die Sonne auf

Früher ernteten jene, die in Köln Japanologie oder Sinologie (Geschichte, Kultur und Wirtschaft Japans oder Chinas) studierten, das gleiche mitleidige Lächeln wie Studierende der Philosophie: Was man denn damit mal anfangen wolle, ob man schon ans Taxifahren denke usw. Nun, in Zeiten des Asien-Hypes, fragt man den angehenden Japanologen oder Sinologen nach seiner Telefonnummer. Schon lernen die ersten deutschen Kinder an Schulen Japanisch oder Chinesisch.

Asien ist in, »made in China« und »made in Japan« die Zukunft, zumindest nach Meinung vieler Wirtschaftsweisen.

Dass die ältesten der Hochkulturen wie China und Japan mehr zu bieten haben als Massenware, schnell Kopiertes, Chopsuey oder Sushi, könnt ihr im Museum für Ostasiatische Kunst am Aachener Weiher sinnfällig erleben. Lasst euch von den prächtigen Farbholzschnitten mitreißen, die etwa die Kuss-Welten und -Künste der anmutigen japanischen Geishas andeuten. Einen wirklich schönen Ort für derart künstlerisch angeregte Küsse bietet im Frühling die Terrasse des Museumscafés. Man blickt versonnen auf den Aachener Weiher, auf dem Enten- und Schwanenpaare die Hälse umeinanderschlingen, lässt sich Kaffee und Kuchen munden und weiß über fünftausend Jahre Hochkultur im Rücken. Anders als in Japan, wo Küsse in der Öffentlichkeit nicht gern gesehen werden, weil sie zum Vorspiel gerechnet werden, könnt ihr euch hier auf den Nachtisch freuen: auf einen »seppun« (japanisch für »Kuss«) oder sogar einen »furenchikisu« (japanisch für »Zungenkuss«). Bitte folgt aber nicht dem chinesischen Vorbild einer jungen Frau, die unlängst ihrem Geliebten einen tödlichen Kuss gab, da sie ihn der Untreue bezichtigte: Beim innigen Zungenspiel übergab sie ihm eine mit Rattengift versetzte Kapsel. Der Geliebte verstarb innerhalb von kürzester Zeit. Sie wurde zum Tode verurteilt.

Ob »seppun« oder »furenchikisu«: Asien hat mehr zu bieten als Massenware, schnell Kopiertes, Chopsuey oder Sushi

■ Museum für Ostasiatische Kunst. Universitätsstraße 100, 50674 Köln, Tel. 0221 – 221-286 08, Öffnungszeiten: Dienstag bis Sonntag 11 bis 17 Uhr, Donnerstag bis 20 Uhr. KVB-Haltestelle: Aachener Straße/Innere Kanalstraße. Im Internet: www.museenkoeln.de/museum-fuer-ostasiatische-kunst

# La haute Cologne

Neutrale Experten wie die Kölner wissen es längst: Köln ist das bessere Paris: Kwartier Latäng, Quartier de Belgique, »4711« und jetzt auch noch Heidi Klums Model-Contest. Wir brauchen die Welschen nicht! Scherz beiseite. Das ist natürlich etwas vermessen. Und doch: Köln mausert sich in Sachen Mode. Designer wie Eva Gronbach, My-Zoo oder Chang13 kommen aus Köln. Und wenn wir mal ehrlich sind: Bergisch Gladbach, Heidi Klums Geburtsstadt, gehört doch eigentlich auch zu Köln. Genauso wie Düsseldorf, Wuppertal und Siegen …

*Jedoch nicht nur der Mund allein / braucht eines Kusses Ziel zu sein.*

Veranstaltet eine kleine private Modenschau. Wählt die skurrilsten, schönsten und sexiesten Klamotten aus und spaziert vor dem/der Liebsten auf einem fiktiven Laufsteg. Einer ist das Model, der andere wahlweise die Fotografenmeute, Kritiker, Fans. Lasst dann auf dem Laufsteg der großen Welt die Hüllen fallen, Stück für Stück. Am Ende des Weges wartet als Belohnung ein Kuss. Vielmehr: eine Kollektion an Küssen, die an unterschiedlichsten Orten (auf-)getragen werden. Denn wie heißt es so schön in einem Liebesgedicht:

> *»Jedoch nicht nur der Mund allein,*
> *braucht eines Kusses Ziel zu sein.*
> *Man küsst die Wange und die Hände*
> *und auch noch andre Gegenstände,*
> *die ringsherum mit Vorbedacht*
> *sämtlich am Körper angebracht …«*

Euren perfekten privaten Catwalk könnt ihr bei euch zu Hause oder in lauen Sommernächten in einem der vielen Parks oder am Rhein entlang finden.

# Kölner Rheinlese

Ja, das kann auch schiefgehen. Wenn Petrus (wie so oft in Köln) nicht mitspielen mag. So im August 2004. Die vier Autoren und der Musiker saßen auf leicht schwankenden Barhockern inmitten des Kölner Rheins, das Publikum lümmelte sich am Strandufer und horchte gespannt, eine Lyrikerin hob zu einem besonders dramatischen Poem an – da entlud sich die Spannung im Himmel, und zwar im wahrsten Sinne des Wortes. Es hagelte Regen, Blitz und Donner, und einige der Schreiberlinge auf ihren Metall(!)podesten umklammerten die nassen Blätter recht nervös, derweil die Lyrikerin ihre Verse vor nun schon fast leeren Strandrängen ins Mikro rief. Aber ist nicht das gerade Kunst? Dass etwas schiefgehen kann? Dass immer ein Risiko besteht? Wir wollen jetzt keine Parallele zur Liebe, zum Küssen ziehen …

■ Die Rheinlese. Im Internet: www.rheinlese.de

Oder doch, es geht nicht anders: Vom Blitz getroffen werden, nass werden, sich lyrisch fühlen, nach Worten suchen, ein Risiko eingehen – das alles kennt man doch auch woandersher? Richtig. Daher.

Geht, fahrt oder radelt zur Rheinlese am Kilometerstein 484 (Nähe Rodenkirchen) jedes Jahr zu wechselnden Terminen zwischen Juli und August; bringt eine Decke mit, ein offenes Ohr und einen Sonnen- oder Regenschirm, je nach Optimismus. Lauscht den skurrilen, traurigen, witzigen, seltsamen, wundersamen Geschichten der Autoren im Wasser, untermalt von E-Gitarren-Musik oder Gesang, streckt euch aus im Sand und küsst euch in die Worte hinein oder von den Worten weg. Wer mag, kann auch zum passenden Zeitpunkt ein eigenes Poem für den/die Angebetete(n) hervorzaubern. Im Interesse aller anderen: Bitte nicht so schlecht, dass der Himmel danach weinen muss …

# Tango

Tango: ein Wort, das nicht allein steht. Tango tanzt man zweisam und doch einsam, tanzt man nah und doch entrückt, Tango ist ein Ver-

*Bésame, bésame mucho …*

sprechen und ein Gefecht, erotisch und melancholisch, gefährlich und doch zugleich so zart. Das schönste und eigenwilligste Kind Argentiniens ist mittlerweile in fast allen Ländern zu Hause. Dass es nach unserer Auffassung hierzulande in Köln seinen ersten Wohnsitz hat, kann niemanden überraschen. Eine begeisterte Tango-Szene aus Jung und Alt trifft sich fast an jedem Abend der Woche in einem der vielen Tango-Salons, beispielsweise im KulTor 5, einer leicht lädierten Halle an einer reizlosen Industriestraße, in deren Innerem es allerdings gewaltig zur Sache geht.

Hier küsst man sich tanzend, also ganz ohne Lippenberührung. Die richtige Mischung aus Kultur, Erotik und Romantik. Versucht es einmal. Wer sich von hoher Tanzkunst schnell einschüchtern lässt, kann vorher einen Kurs besuchen, den die Tanzschule zu moderaten Preisen anbietet.

■ KulTor 5. Helmholtzstraße 8–32. Tel. 0221 – 31 38 31. KVB-Haltestelle: Helmholtzstraße. Im Internet: www.kultor5.de. Umfangreiche Infos zur Kölner Tangoszene gibt es unter: www.tango-koeln.de

# Pikusso

Einige Seiten zuvor hatten wir bereits Rodins berühmte Skulptur »Der Kuß« erwähnt, die im Pariser Louvre den eigentlichen Rekord im Dauerküssen innehat. Aber warum in die Ferne schweifen, wenn das Gute liegt so nah: zum Beispiel im Kölner Museum Ludwig, natürlich am Dom gelegen. Der große Picasso hat es sich nicht nehmen lassen, die wichtigste aller menschlichen Mundbewegungen ins Bild zu fassen. Das Werk »Der Kuß« aus der Spätphase des Meisters (1969) eignet sich hervorragend für einen wohlplatzierten, lang anhaltenden Kulturkuss.

Alle Schaffensphasen des Spaniers, der kein sexueller Kostverächter und ein recht sprunghafter Küsser gewesen sein soll, sind dort in einer eigenen Picasso-Ausstellung zu sehen. 360 Grafiken sind allein in einem einzigen Raum ausgestellt. Grund genug, dicht an dicht die Ausstellung gemeinsam schnäbelnd zu genießen.

■ Museum Ludwig. Bischofs-gartenstraße 1. Tel: 0221 – 221-261 65. Öffnungszeiten: Dienstag bis Sonntag 10 bis 18 Uhr, jeden 1. Freitag im Monat 10 bis 22 Uhr. KVB-Haltestelle: Dom/Hauptbahnhof. Im Internet: www.museenkoeln.de/museum%2Dludwig

# Duft & Küsse

Dass Patrick Süskind seinen weltberühmten, mittlerweile sogar verfilmten Roman »Das Parfüm« in Paris und nicht in Köln hat spielen lassen, war natürlich ein Fauxpas, kein bewusster Affront. Wir wollen es ihm also nicht verübeln. Der wahre Parfum-Kenner weiß ja, wo die Hochburg der Düfte liegt. Zu Zeiten von Süskinds Protagonist galt die Rheinmetropole bereits als eine der allerersten Adressen für die Duftwasser-Produktion. Schon 1709 gründete der Italiener Johann Maria Farina ein Unternehmen für Luxusartikel in Köln und schenkte der Welt das Aroma von Eau de Cologne, das seitdem einen regelrechten Siegeszug durch die Adelshäuser Europas antrat. Die Firma Farina, weit älter als die bekanntere Konkurrenz 4711, betreibt seit 1723 die mittlerweile älteste bestehende Parfumfabrik der Welt. Paris und Grasse können da einpacken, zumindest in historischem Sinne. Nicht nur Napoleon oder König Friedrich Wilhelm I. schätzten den Kölner Duft, auch Lady Di, die Königin der Herzen, zählte zu den Kunden von Farina.

Der Zusammenhang zwischen Kuss und Geruch mag auf den ersten Blick nicht ganz offensichtlich sein. Aber gerade die Nase weist uns in Liebesdingen oftmals den Weg, gibt uns an, ob wir »jemanden riechen können« und ist subtiler Ratgeber in Kuss-Angelegenheiten. »Der richtige Riecher«, so ist es wissenschaftlich verbrieft, schaltet sich schon beim ersten Kuss ein. Während man noch eifrig züngelt, wird der Duft des Gegenübers bereits im Gehirn auf genetische Kompatibilität überprüft. Und um Shakespeares bekanntestes Liebespaar Romeo und Julia zu zitieren:

■ Farina-Haus. Obenmarspforten 21. Tel. 0221 – 294 1709. Öffnungszeiten: Montag bis Samstag 10 bis 18 Uhr, Sonntag 11 bis 16 Uhr oder nach Vereinbarung. KVB-Haltestelle: Heumarkt. Im Internet: www.farina1709.com

*»Wenn nichts als einzig der Geruch mir bliebe,*
*die Liebe zu dir würde doch nicht kleiner.*
*Denn von den Dünsten deines Angesichts*
*Steigt Atemdunst, der Lieb' erzeugt durch Riechen.«*

Geht also immer eurer Nase nach, lasst euch von euren eigenen und den künstlich kreierten Duftstoffen im Farina-Duftmuseum bezaubern und erregen. Wir empfehlen die Führung in historischen Gewändern, bei der euch Johann Maria Farina höchstpersönlich durch die betörende Welt des Duftes geleitet.

# Angewandte Küsse

An dieser Stelle beschreiben wir ausnahmsweise einmal einen fiktiven Ort, den es also nicht gibt, aber eigentlich geben sollte und den man darum einfach einmal erschaffen muss: ein Museum für angewandte Küsse. Überlegt euch, was zu diesem Tempel der Kuss-Kultur alles gehören muss, welche Ausstellungsstücke euer ganz privates Museum schmücken

## Wo Kuss-Kunst erfahrbar wird ...

können. Schreibt oder malt diese Kuss-Werke auf Papier und drapiert die kostbaren Exponate in eurem Wohn- oder Schlafzimmer. Für den Anfang könnt ihr Ausstellungsstücke nehmen, die in diesem Buch beschrieben werden: Rodins Skulptur »Der Kuß«, Picassos gleichnamiges Ölbild, die berühmte Pariser Fotografie usw. Aber eurer Fantasie sind hier keine Grenzen gesetzt. Habt ihr das Museum für angewandte Küsse fertig geschmückt, dann geht zum praktischen Teil über. Schließlich muss Kunst erfahrbar sein.

Wem das zu unwirklich ist, der kann auch einfach ins 1888 gegründete Museum für Angewandte Kunst gehen (wie schon oben angeregt) und die Kunst des Küssens dort zur Anwendung bringen.

Euer Kuss-Museum kann in eurem Wohnzimmer platziert werden, oder erstellt doch eine eigene Website für ein virtuelles Kuss-Museum.

■ Museum für Angewandte Kunst. An der Rechtschule. Tel. 0221 – 221-267 35. Öffnungszeiten: Dienstag bis Sonntag, 11 bis 17 Uhr. KVB-Haltestelle: Dom/Hauptbahnhof. Im Internet: www.museen koeln.de/museum-fuer-angewandte-kunst

## Mach Theater:
### Lange Nächte, lange Küsse

Kultur und Konsum: Passt das zusammen? Wer einmal die lange Theater-Nacht erlebt hat, muss das bejahen. Nirgendwo in Köln lässt sich Kunst so wunderbar schnell konsumieren wie hierbei. Einmal im Jahr, meistens im Oktober, haben alle Theater von 20 Uhr abends bis 4 Uhr morgens geöffnet und zeigen, teils zeitgleich, Kostproben ihrer Produktionen. Komisches und Skurriles, Tragisches und Tragikomisches, Trashiges und Stilles kommt da ans Licht der Bühne, Klassiker wie Shakespeare und Goethe ebenso wie die Dramen junger Autorinnen und Autoren. Wer viel sehen will, sollte flinke Beine und/oder schnelle Gefährte(n) haben, denn Köln verfügt neben Schauspielhaus und Oper über 75 freie Theater und Theatergruppen! Allerdings ist es auch möglich, mit dem Theaternacht-Ticket einen Bus-Shuttle zu nutzen, der die Kultur-Enthusiasten von Theaterhaus zu Theaterhaus bringt. Dieser begünstigt Kultur-Küsse an den Bus-Haltestellen und bei der Überfahrt. Selbstredend, dass Lippen-Liebkosungen auch *vor* den Brettern, die die Welt bedeuten, richtig und wohlplatziert sind. Was gibt es beispielsweise Romantischeres als einen Kuss im Angesicht der berühmten Szene von »Romeo und Julia«: »Oh so vergönne, teure Heil'ge, nun, dass auch die Hände wie die Lippen tun?«

■ Lange Theaternacht. Im Internet: www.theaternacht.de. Sehr viel Wissenswertes zur freien Kölner Theaterszene lässt sich erfahren unter: www.theaterszene-koeln.de

# Oper-söhnliches

Opern sind so eine Sache: Die einen schwören auf sie und geben Monatslöhne für eine Verdi-Inszenierung mit Anna Netrebko und Rolando Villazón aus, für die anderen gibt es nichts Langweiligeres und Langatmigeres als diese nicht immer wohltemperierte Mischung aus Schauspiel und Musik. Diese Stil-Banausen sitzen dann irgendwo in den hintersten Reihen und lassen spätestens nach einer Stunde ermattet den Kopf zurücksinken. Der wahre Opern-Fan bleibt gebannt, auch wenn es eine Wagner-Aufführung von über 18 Stunden ist, ja selbst wenn Wagners Pathos endlos durch den Saal schmettern würde. Wie kann man sich auch in die Kissen fläzen, derweil der Schwanenritter Lo-

*Kuss-Tausch in der Oper: laut und lang und lüstern, dramatisch und pathetisch*

115

hengrin seine Elsa sucht? Die Kölner Oper, in der auch Maria Callas sang, mag nicht die schönste sein. Aber kulturell zu bieten hat sie doch einiges.

■ Opernhaus. Offenbachplatz. Tel. 0221-221-284 00. KVB-Haltestellen: Appellhofplatz, Neumarkt oder Dom/Hauptbahnhof. Internet: www.buehnenkoeln.de

Wagner-Opern eignen sich übrigens hervorragend für Kuss-Tausche: Sie sind laut und lang und lüstern, dramatisch und pathetisch, verfügen also über eine Mischung, die auch Küssen guttut. Noch passender: wenn man an einer Aufführung von Smetanas populärster Oper »Der Kuss« teilhaben kann.

# Kino-Küsse

Ein frankophiler Cineast muss man nicht unbedingt sein, um beim abendlichen Zappen durch die Fernsehkanäle an einem Film schnell das typisch Französische zu erkennen: jenen ganz eigenen Stil nämlich, der sich vor allem in den Werken der sogenannten Nouvelle Vague offenbart. Es geht – *naturellement!* – um *l'amour* und das von bedeutungsvoller Musik untermalte bedeutungsvolle Reden über Liebe. Menschen küssen sich nicht einfach so, sondern hatten zuvor und danach noch ein philosophisches Schwätzchen über den Sinn des Küssens überhaupt.

*Nouvelle Vague: Menschen küssen sich nicht einfach so.*

In diese irgendwie nostalgische, irgendwie französische Film-Atmosphäre kann man auch in Köln tauchen. Vielleicht nicht unbedingt eines der schönsten, sicherlich aber eines der stilechtesten und privatesten Kölner Kinos kann man mit dem »Kino Weißhaus« in Sülz besuchen. Für Filme à la »Ruckzuck ist die Fresse dick« oder »Stirb noch langsamer, Teil 1724« ist das ältere Besitzerpärchen nicht zu haben. Sie zeigen künstlerisch Hochwertiges, den Nicht-Mainstream also, und eben gern französische Filme und wissen sich (noch) tapfer gegen die Mutiplex-Kinos in der Innenstadt zu behaupten. Schon wenn ihr dieses kleine Stadtteilkino alter Schule mit seinem etwas angegraut anmutenden Kassenhäuschen im Foyer betretet, fühlt ihr euch in die sechziger Jahre zurückversetzt: Hat man erst einmal vor einer der beiden Leinwände Platz genommen, wäre man sicher nicht erstaunt, plötzlich Éric Rohmer oder Jean-Luc Godard neben sich sitzen zu haben. *Bon. Vive la Kuss Culture!* Wer hier, zumal bei einem Liebesfilm, nicht zum Küssen kommt, ist selbst schuld.

■ Kino Weißhaus. Luxemburger Straße 253–255. Tel. 0221 – 418488. KVB-Haltestelle: Arnulfstraße.

# Versteckte und verstohlene Küsse

Zugegeben: Die Kölner Schnauze ist nicht so berühmt wie die aus dem fernen, fremdländischen, also preußischen Berlin. Dafür ist sie herzlicher. Offen, aber nicht so derbe und immer darum bemüht, die Temperatur des Gesprächs nicht allzu sehr abkühlen zu lassen. Natürlich gibt es auch jene Kölner, die sich in puncto Küssen nicht ganz so offensiv zeigen, entweder weil sie scheue Gesellen sind oder in verdeckter Mission operieren, sozusagen als Doppel-Agenten der Liebe. Was auch immer die Gründe sein mögen, hier kommen eure Küss-Möglichkeiten:

## Im Schatten von St. Martin

Im Mittelalter war Groß St. Martin einst das Wahrzeichen Kölns, der Dom wurde schließlich erst im 19. Jahrhundert fertiggestellt, und das ausgerechnet von den Preußen! Die im 10. Jahrhundert auf einer Rheininsel erbaute romanische Kirche dominiert mit ihrem Vierungsturm bis heute das Panorama der Kölner Altstadt. In ihrem Schatten ist ein kleiner Platz, An St. Martin, angelegt, der etwas abgeschieden vom manchmal doch recht lauten Altstadttreiben liegt. Dort in eine Ecke gedrängt sind die beiden legendären Kölner Hänneschen-Puppentheater-Figuren Tünnes (rheinisch für Antonius) und Schäl (rheinisch für »schielen« oder »schlecht«) aufgestellt. Ersterer wird stets als gutmütiger Bauernschlauer gezeichnet, Letzterer als etwas hinterhältiges Schlitzohr. Diese beiden sollen der Legende nach die Eigenschaften des Kölner Charakters personifizieren, und die Beschreibung des kölschen Charakters ist bis heute durch sie geprägt, wie die Lieder der Kölschrock-Band Brings zeigen:

> »Karrsch und klamm, immer am Nörjele dran
> Op einem Auge bling, un et Fähnche im Wind
> Mit d'r Schnüss janz schnell, im Kopp nit wirklich hell
> In d'r Küch Laminat un im Wunnzimmer Brokat.«

Wenn ihr gemeinsam die mittlerweile schon von Touristen blank polierte Nase von Tünnes (dem Dickeren der beiden) reibt, wird euch Glückliches widerfahren. Um sicherzugehen, dass dem so ist, könnt ihr, hinter den mannshohen Figuren versteckt, gleich ein erstes glückseliges Kuss-Erlebnis erfahren.

■ Tünnes und Schäl. An St. Martin, 50676 Köln.

# Kuss-Lauben

*Open-Air-Küsse in bester kölscher Veedel-Atmosphäre*

Am Kölner Rathenauplatz treffen Generationen aufeinander. Studenten und solche, die es werden wollen, lungern auf den Wiesen herum und können sich von dort schon einmal anschauen, wie sie wohl später im properen Karohemd mit ihren Kindern über den hier angelegten Spielplatz tollen werden oder es sich nach der Arbeit im Biergarten gemütlich machen (dieser wird übrigens von der Bürgergemeinschaft Rathenauplatz e.V. betrieben). Auch die Senioren des Veedels sind hier anzutreffen und gönnen sich ein ums andere Stück köstlichen Kuchen.

■ Rathenauplatz. 50674 Köln. Der Biergarten ist im Sommer bei gutem Wetter täglich von 12 bis 23 Uhr geöffnet. KVB-Haltestelle: Zülpicher Platz. Im Internet: www.buergergemeinschaft-rathenau platz-ev.de

Wem das zu viel Realität für sein Date ist, der setze sich ans andere Ende des Platzes (Richtung Lindenstraße). Dort finden sich kleine Lauben, die durch Efeu und Ranken wie kleine Zugabteile voneinander getrennt sind. Hier könnt ihr im Sommer in romantisch wild umwucherter Umgebung mit pochendem Herzen und Schmetterlingen im Bauch, von Blicken seitens der Straße geschützt, erstmals Händchen halten und unter intensiver Verwendung eurer Lippen gemeinsam schweigen. Auch in den möglichen Kuss-Pausen müsst ihr nicht nach Worten ringen. Schaut einfach den vielen Boulespielern zu und fühlt euch wie verliebte Götter in Frankreich.

# Abgeknutscht
## im Untergrund

Im ehemaligen Arbeiter-Veedel Ehrenfeld, das in den letzten Jahren zum richtigen Szeneviertel avanciert ist, lässt es sich nicht nur vortrefflich auf den verschiedenen Straßenfesten (Körnerstraße, Rothehausstraße) feiern, sondern unterhalb der geschäftigen Straßen auch ausgezeichnet und vor allem ungestört küssen.

Entlang der Venloer Straße reiht sich eine Vielzahl von unterschiedlichen ethnischen Läden und Restaurants aneinander, unter Tage sind ebenso kunterbunte U-Bahn-Haltestellen eingerichtet worden:

Für die künstlerische Gestaltung der Haltestelle Venloer Straße/Piusstraße (KVB-Linien 3 und 4) zeichnet der Braunschweiger Künstler Gerd Winner verantwortlich. 20 Meter unter dem Asphalt des Stadtteils (1966 gab es hier noch 111

120

Industriebetriebe) kreierte er mit Hilfe von Bildtafeln eine unterirdische urbane Landschaft.

Die U-Bahn-Station Venloer Straße/Gürtel, eine Haltestelle weiter stadtauswärts gelegen, wurde von Heinz Marohn gestaltet und ist als Porträt des Viertels angelegt. Der eher ländliche Ursprung – bis Ende des 19. Jahrhunderts markierte Ehrenfeld die Grenze zum Kölner Umland – und die industrielle Ausprägung dieses Stadtteils werden von Marohn gleichermaßen in höchst moderner Weise thematisiert. Höhepunkt für uns: eine Treppe, die ins Nichts führt. Auf ihr kann man sich ganz ungezwungen niederlassen und sein Herz auf den Lippen tragen.

■ KVB-Haltestelle: Venloer Straße/Piusstraße. KVB-Haltestelle: Venloer Straße/Gürtel. KVB-Haltestelle: Akazienweg. KVB-Linien 3 und 4.

In der Haltestelle Akazienweg wird wiederum auf verspielte und farbenprächtige Weise der Antike gehuldigt. Unter dem Titel »Tor zur Stadt« kann man sich lustvoll küssend in andere Zeiten einfühlen.

Anders als an den Haltestellen in der Innenstadt hat man hier zu vielen Tages- und Nachtzeiten die Bahnsteige für sich allein und muss sich wegen Zuschauern wahrlich keine Sorgen machen.

## Kissing possible – Küsse in
# verdeckter Mission

Um einen wahrlich ausgefallenen Brunnen handelt es sich bei dem zentral im Mediapark (direkt gegenüber vom Cinedom) gelegenen »Star Pit«-Brunnen. Sternförmig angelegt war er von den Architekten als Treffpunkt innerhalb des Komplexes ausersehen worden. Ins Herz geschlossen haben ihn mittlerweile nicht nur die vielen Skateboarder, die ihn regelmäßig frequentieren. In den kleinen, im Sommer wassergefüllten Becken lässt sich in heißen Sommernächten ge-

■ »Star Pit«-Brunnen. Mediapark. KVB-Haltestelle: Christophstraße.

*Warum also nicht auch einmal versteckt im Schoß von Mutter Erde liebliche Worte und Küsse wechseln?*

meinsam ein vortreffliches Fußbad nehmen. Über ein paar Treppenstufen könnt ihr in den »Untergrund« abtauchen und unterhalb der Mediapark-Platte, vor fremden Augen geschützt, unverhohlen knutschen.

# Rutsch-Knutscher 1

Ganz unbeobachtet lässt sich's auch auf den Rutschbahnen des Kölner Aqualands in Chorweiler busserln. Auf insgesamt fünf Bahnen kann man zusammen hinunterrutschen und sich auf dem Weg mit Lippenbekenntnissen verwöhnen, ohne dass es jemand mitbekommt. Bevor die Rutsche zu Ende ist, könntet ihr euch sogar voneinander lösen und separat unten ankommen. Ganz besonders zu empfehlen ist dabei die Grüne-Hai-Rutsche. Auf 115 Metern Länge klafft ein sogenanntes schwarzes Loch von 20 Metern, in dem euch tatsächlich schwarz vor Augen werden kann. Für mehr Knutschereien in geheimer Mission lassen sich auch die dort immer wieder zelebrierten Schaumpartys nutzen, die nicht nur für Schaumschläger ein Geheimtipp sind.

Wen es nicht ganz so weit an die Kölner Stadtgrenze zieht, dem bieten sich versteckte Tunnelküsse an: Im erst vor einigen Jahren renovierten Agrippabad könnt ihr euch auf einer immerhin 130 Meter langen Rutsche ungezwungene Rutsch-Knutscher schenken.

■ Aqualand. Merianstraße 1. Tel. 0221-7028-0. Mit der KVB: Buslinie 120 und 121 oder mit der U15 oder S11 (Merianstraße). Im Internet: www.aqualand.de
Agrippabad. Kämmergasse 1. Tel. 0221 – 2791730. KVB-Haltestelle: Postraße oder Neumarkt. Im Internet: www.koelnbaeder.de

# Rutsch-**Knutscher 2**

Für diejenigen, die sich für solche nassen Küsse so gar nicht begeistern können, bieten die vielen Spielplätze im Kölner Stadtgebiet vielleicht einen besseren Austragungsort für die nächstbeste Kussschlacht. Die Rutsche auf dem Spielplatz hinter dem Mediapark ist übrigens nicht nur eine der längsten Rutschbahnen der Stadt, sondern auch überdacht und somit von lästigen Blicken abgeschirmt.

■ Spielplatz am Mediapark. KVB-Haltestelle: Christophstraße.

# Kuss-Loch

Mer schrieven et Johr 1074 nach Christus. Das ganze Rheinland wird von Erzbischof Anno dem Zwoten gnadenlos regiert … Das ganze Rheinland? Nein! Die von unbeugsamen Bürgern bevölkerte Stadt Köln hört nicht auf, dem Erzbischof Widerstand zu leisten. Als der Erzbischof seinem guten Freund, dem Erzbischof von Mainz, eine Rückfahrgelegenheit organisieren will (er lässt kurzerhand das Schiff eines Kaufmanns beschlagnahmen und die schon aufgeladene Ware in den Rhein werfen), springen die geknechteten Kölner Bürger auf die Barrikaden – ganz im Stil von Uderzos und Goscinnys Galliern. Es geht sogar so weit, dass ein Mann, den man für Anno hält, vom Mob getötet wird. Der Erzbischof kann sich in letzter Sekunde allerdings noch durch eine Katzenpforte retten, einen kleinen Durchlass in der Kölner Stadtmauer. Im Volksmund wird diese Öffnung seither das »Annoloch« genannt. Sie liegt, so die Legende, noch heute in der Dom-Tiefgarage versteckt. Dort ist nicht nur ein Stück alter römischer Stadtmauer zu bewundern, sondern auch ein mittelalterlicher Schacht, durch den Anno geflohen sein könnte. Zwar ist die Umgebung nicht gerade das, was man sich unter Romantik vorstellt – Abgasmief und Motorenlärm betören nicht eben die Sinne –, doch das schmälert die Bedeutung dieses Ortes nicht. Er ist ein gutes Beispiel dafür, welche Schätze wohl noch in der Kölner Ur-Erde liegen und ihrer Entdeckung harren, wie zum Beispiel im 2001 fertiggestellten Gerling-Ring-Karree am Friesenplatz, wo beim Ausschachten der Fundamente alte Reste der Stadtmauer gefunden wurden, die in der Tiefgarage zu besichtigen sind.

■ Gerling Hochhaus. Friesenwall 79. KVB-Haltestelle: Friesenplatz. Annoloch in der Dom-Garage. KVB-Haltestelle: Dom/Hauptbahnhof. Lysolphturm. Komödienstraße/Tunisstraße. KVB-Haltestelle: Dom/Hauptbahnhof.

Warum also nicht auch einmal versteckt im Schoß von Mutter Erde liebliche Worte und Küsse wechseln? Sehen können einen hier nur wenige.

In etwas luftigerer Atmosphäre lässt es sich an einem anderen Stück alter Stadtmauer herzhaft schnäbeln. Auf der Komödienstraße/Ecke Tunisstraße bzw. Nord-Süd-Fahrt steht noch ein Stück Stadtmauer samt Halbrund des 50 nach Christus erbauten Lysolphturmes als Verkehrsinsel. Über ein paar Treppenstufen kann man bis zum Fuß der Mauer gelangen, um so, ganz unbeobachtet unterhalb des Straßenniveaus, Wange an Wange zu schwelgen.

# Chic Belgique

Das »Quartier Belgique«, das Belgische Viertel also, gilt als eines der absoluten Szeneviertel Kölns. Die schicken Straßen sind nach den belgischen Städten Antwerpen, Brüssel, Lüttich, Gent und dem holländischen Maastricht benannt, die Cafés, Mode- und Schmuckläden zahlreich, die Mieten gesalzen. Das Fadenkreuz des gesellschaftlichen Lebens liegt, passend, am Brüsseler Platz mit seiner neoromanischen Kirche St. Michael. Im Sommer lockt etwa der Biergarten des im Siebziger-Jahre-Stil eingerichteten Bar-Cafés Hallmackenreuther, nebenan im Guten Abend gibt es köstliche Biokost zu vernünftigen Preisen. Wer's versteckter mag und auf das Szenevolk gut verzichten kann, der decke sich mit kühlen Getränken an den umliegenden Kiosken ein und platziere sich auf den von einer Bürgerinitiative 2003 angelegten Hochbeeten. Hier wird jedes Jahr wieder eine Vielzahl von Blumen und Kräutern gepflanzt, die durch Spenden von Kölner Bürgern finanziert werden. Die im Sommer hochgewachsenen Beete sind gleichzeitig auch als Sitzmöglichkeiten eingerichtet und an einem lauen Sommerabend genau der richtige Ort für versteckte Kussduelle einander Zugeneigter.

*Küsse im Kölschen Quartier Belgique*

■ Brüsseler Platz im Belgischen Viertel. KVB-Haltestelle: Friesenplatz oder Rudolfplatz. Online-Mode-Führer fürs Belgische Viertel: www.chicbelgique.de. Bürgerinitiative Brüsseler Platz: www.bruesseler-platz.de

# Fort-Küssen

Das alte Fort X im Kölner Agnesviertel, in diesem Buch schon mit dem Rosengarten vorgestellt, eignet sich hervorragend, um sich für verstohlene Bützchen fort-zustehlen. Besonders der tiefer gelegene Festungshof ist recht einsam, selbst an lauen Sommerabenden. Seit ein Kölner Betreiber den Versuch aufgegeben hat, hier einen Biergarten zu etablieren, gehört der Festungshof wieder ganz spielenden Kindern und Verliebten. Für anderweitige Unterhaltung sorgen immerhin noch gelegentlich stattfindende Open-Air-Kino-Abende (www.report-k.de) mit Klassikern der Filmgeschichte und internationalen Blockbustern.

■ Fort X am Neusser Wall. KVB-Haltestelle: Ebertplatz oder Reichenspergerplatz.

# Gedrängte
## Küsse

Versteckte Küsse kann man natürlich nicht nur bekommen, wenn niemand um einen herum ist, sondern auch in aller Öffentlichkeit. Beste Gelegenheit: die Hohe Straße und die Schildergasse an den Advents-Samstagen. Zwischen frühem und spätem Nachmittag hat man gute Chancen, von Shopping-Begeisterten oder -Geplagten derartig eingekeilt zu werden, dass bisweilen keine Fortbewegung mehr möglich ist. Im schlimmsten Fall kommt irgendwann die Polizei, um die ungeplante und komplett ineinander verknotete Versammlung wieder aufzulösen.

■ Schildergasse. KVB-Haltestelle: Dom/Hauptbahnhof, Neumarkt und Heumarkt.

Wenn gar nichts mehr geht, könnt ihr die Zeit zur Intensivierung eurer Beziehung nutzen oder diese vielleicht sogar erst eröffnen?! Lasst euch von den Genervten nicht aus der Ruhe bringen. Im Schatten der Mitmenschen um euch herum könnt ihr euch in aller Ruhe nahe kommen, ohne dass es allzu viele andere merken werden. Hier ist gelebte Mitmenschlichkeit möglich, hier ist Nächstenliebe gefragt – ganz im Sinne des christlichen Festes der Liebe.

## Grüne Küsse

■ Beethovenpark. KVB-Haltestelle: Berrenrather Straße/Gürtel oder Klettenbergpark.

Köln ist eine grüne Stadt, was sie ausgerechnet einem politisch Schwarzen zu verdanken hat: Konrad Adenauer. Der ehemalige Oberbürgermeister von Köln und spätere Bundeskanzler war ein ausgemachter Gartenfreund und ließ um die Domstadt einen grünen Gürtel legen. Eine der größten und auch schönsten Grünanlagen zieht sich vom Beethovenpark in Klettenberg bis zum Decksteiner Weiher mit seinem künstlich angelegten Park. Auf der Wasseroberfläche des Sees glitzern Lichtfäden, manche Vogelfans wollen dort schon 80 Schwanenpaare gezählt haben. Für das leibliche Wohl sorgen italienische Eisverkäufer.

## Lippenerkundungen mit Schmetterlingen im Bauch und Glühwürmchen im Park

An lauschigen Sommerabenden könnt ihr euch im Schutze von Fauna und heraufziehender Dämmerung vielerorts zurückziehen und euch lippenweise erkunden. Mit etwas Glück kommen im August Tausende Glühwürmchen gleich tanzenden Lichtgeistern aus ihren Verstecken, um sich zu paaren.

# Kölner Kuss-
geschichtliches

Zwei Schmachtende finden sich nach turbulenten Abenteu-
ern, fallen sich endlich die Arme und setzen zum Kuss an:
Wir alle kennen dieses Finale im Film. Die einen lieben es,
die anderen schalten gar nicht erst ein, wenn sie ahnen, dass
es kommt: das Happy End. Was danach kommt, liegt oft im
Dunkeln. Kurt Tucholsky (1890–1935) spottete einst im
schönsten Berlinerisch

> *Die Ehe war zum jrößten Teile*
> *vabrühte Milch und Langeweile.*
> *Und darum wird beim Happy End*
> *im Film jewöhnlich abjeblendt.*«

Auch unsere Kölner Kussgeschichten gehen nicht über ihr
Ende hinaus, was auch gut so it. Sie sind historisch verbürgte oder einfach nur wunderschön erdachte kölsche »Verzällcher«, und auch sie haben in den meisten Fällen ein gutes,
ein fröhliches Ende. Viele bieten genügend Stoff für eine
Verfilmung, enthalten *sex and crime*, sind voller Hinterlist
und Hintersinn. Wir jedenfalls wollen gar nicht wissen, was
nach dem Happy End passierte. Diesen Faden kann jeder
einzelne für sich weiterspinnen. Denn jeder Kuss ist zunächst einmal ein »Happy Beginning«, Ende offen. *Cut.* Und
*action*! Noch mehr Wissens- und Erzählenswertes zu den fol-

genden und auch anderen Erzählungen kann man übrigens bei einer Führung zu »Kölner Liebesgeschichten« erfahren (www.spurenlese.de).

# Gebhard
## und Agnes

*Historisch verbürgte oder einfach nur wunderschön erdachte kölsche Verzällcher: Kölner Kuss-Legenden*

Ein Erzbischof und eine Nonne verlieben sich ineinander. Er gibt der Liebe wegen sein Amt auf, was einen Krieg auslöst. Schließlich fliehen beide ins Exil und bleiben bis ans Lebensende ein glückliches Paar. Ein Stoff für Hollywood? Ja, aber bitte schön mit Kölner Kulisse, denn die Story ist urkölsch.

1571 trifft der Kölner Erzbischof Gebhard, Truchsess von Waldburg, auf die Kölner Stiftsdame Agnes von Mansfeld. Die beiden sind sofort hin und weg und haben nur noch Augen füreinander – was natürlich die Blicke anderer auf sie zieht. Agnes' Brüder wissen nur eine Lösung: Wenn Gebhard und ihre Schwester schon nicht zu trennen sind, dann sollen sie wenigstens heiraten. Aber kann ein Kölner Erzbischof auf der anderen Seite des Traualtars stehen? Natürlich nicht. Gebhards spontane Idee, zum Protestantismus zu konvertieren, fand wenig Zustimmung in den katholischen Ländern – schließlich wäre dann die katholische Mehrheit im Wahlkollegium zur deutschen Königswahl dahin gewesen. Trotzdem trat er 1582 zum protestantischen Glauben über und ehelichte seine Agnes.

Als wären der Komplikationen nicht schon genug, entbrannte um die ganze Sache 1583 auch noch ein kleiner Religionskrieg, der sogenannte Kölnische Krieg, in dessen Verlauf zum Beispiel mal eben Deutz verwüstet wurde. Nach seiner Absetzung durch Kaiser und Papst flohen Agnes und

Gebhard schließlich in die schon damals recht toleranten Niederlande, wo er bald darauf starb. Agnes verbrachte die letzten Jahre ihres Lebens im Schoß ihrer Familie.

Die Kölner erklären sich die Turbulenzen um Agnes und Gebhard recht bündig: Die liebestolle Stiftsdame kam aus Gerresheim, heute ein Stadtteil von Düsseldorf, und die Liaison eines Kölner Erzbischofs mit einer Düsseldorferin konnte natürlich nicht gut gehen. Alt und Kölsch vermischt – wem sollte das schon munden? Dass die Sache für die Liebenden selbst durchaus gut ausging – schließlich fanden sie sich und bereuten nichts –, stellte für die Kölner allerdings ein Problem dar. Die kölsche Lösung: Der brave Kölner Bischof Gebhard soll von der Düsseldorferin mittels eines magischen Spiegels verhext worden sein, ganz klar.

Eine schöne Geschichte, die sich vortrefflich nachspielen lässt, zum Beispiel im Fasteleer. Die Utensilien für dieses Stelldichein im Kampf der Kulturen Düsseldorf und Köln: ein Spiegel, ein Bischofs- oder Mönchsgewand, eine Nonnentracht. Eurer Fantasie sind keine Grenzen gesetzt.

# Richmodis und Mengis

Die Liebe ist stärker selbst als der Tod. Davon kann die Kölner Sage um Richmodis und Mengis, eine kölsche und damit nicht ganz so tragische Version von Romeo und Julia, ein Liedchen singen. Der Legende nach war Mengis ein Kölner Ratsherr im 14. Jahrhundert, der mit seiner Frau Richmodis glücklich, aber kinderlos zusammenlebte. Als die Pest in Köln wütete, hielt es Richmodis nicht mehr daheim. Statt sich wie die anderen Frauen aus hoch angesehenen Familien im Haus zu verbarrikadieren oder auf den entfernten Landsitz zu flüchten, meldete sie sich zur Krankenpflege. Sie heilte, verband, wusch die Kranken, und es kam, wie es kommen musste: Eines Abends kehrte sie krank nach Hause zurück, gezeichnet von der Pest. Die Sterbende gab Mengis ihren goldenen Ehering, damit dieser ihn eines Tages einer anderen anstecken sollte. Dann seufzte sie auf und verschied.

Mengis, der sich nicht von seiner Liebsten trennen konnte, wachte Stunde um Stunde an ihrem Leichnam. Ein ums andere Mal vertröstete er die Totengräber, doch es half nichts: Sie nahmen die Tote schließlich doch mit. Da es schon dunkelte, bahrten diese Richmodis in einer Kirche auf – und entdeckten schließlich den goldenen Ring an ihrem Finger. Ihr treuer Gatte Richmodis hatte das edle Ansinnen von Richmodis also abgelehnt! Die Totengräber, schon damals sicher keine Spitzenverdiener, hatten da weniger Skrupel und wollten den Ring an sich reißen – da wachte Richmodis auf, schnellte hoch wie eine Gartenharke und rannte über den Neumarkt zurück zu ihrem geliebten Mann.

*Das kölsche Romeo-und-Julia-Schicksal*

Als sie aber vor der Tür stand, hielt die Magd sie für ein Gespenst, und auch ihr Gatte wollte an kein Wunder glauben, weshalb er sich ein höchst unwahrscheinliches Szenario erdachte: »Ehe sie zu mir zurückkehrt, stellen sich meine Schimmel ans Fenster und recken die Hälse raus!«

Gesagt, getan. Die weißen Pferde trabten die Treppe hoch und wagten, in der obersten Etage angekommen, einen kessen Blick ins Freie. Richmodis und Mengis küssten und lebten glücklich und zufrieden und bekamen – um dem Happy End, typisch kölsch, noch eins draufzusetzen – ganz viele Kinder, schätzungsweise hundertundelf.

Noch heute strecken die stolzen Tiere ihre langen Hälse zum Fenster des Richmodishauses an der Richmodstraße in der Kölner Einkaufszone heraus, und diese Hintergrundkulisse sollte euch zu ergreifenden Szenen des Wiedersehens animieren. Wie viele Küsse verdient wohl eine Liebe, die von den Toten auferstanden ist? Zumindest keine Spar-Ration!

# Goswin und Anna

Wieder eine Legende und wieder ein Liebender, der vor gefühlsignoranten Häschern nach Holland flieht. Und erneut hat die Kirche ihre Hände im Spiel, diesmal allerdings zum Guten.

*Von Malstunden und Liebeskünsten …*

Bei den Malstunden, die der Kölner Maler Goswin erteilte, konnten er und seine Schülerin Anna sich irgendwann nicht mehr auf die Kunst konzentrieren. Die Liebe funkte ihnen dazwischen. Wenn der Lehrer mit der Schülerin – nun ja, der klassische Fall. Im Mittelalter nahm man es mit dem Alter ja nicht so genau wie heute. Mit Verlobungsversprechen aber schon. Anna war verlobt mit Wolfhard von Neuenahr, einem eifersüchtigen Raubein, das seine Kräfte allerdings überschätzte. Als Wolfhard, rasend vor Eifersucht, Goswin nämlich eines Abends auflauerte und ihn von hinten attackierte, schlug dieser zurück. Ein einziger Schlag, der den gehörnten Verlobten allerdings das Leben kostete – und »Mike Tyson«-Goswin in höchste Bedrängnis mit dem Gesetz brachte. Die Notwehr kauften die Richter dem Maler nicht ab. Am Melatenfriedhof also sollte Goswins Dasein am nächsten Morgen durch das Richtschwert ein Ende nehmen. Doch es kam anders. Auf dem Weg zum Richtblock ließ man die Verurteilten noch in einer Kirche beichten und ihre armen Seelen erleichtern. Der Beichtvater, dem Goswin seine Geschichte erzählte, war jedoch so bewegt von dem begangenen Unrecht an dem Maler, dass er ihm riet, ihn zu fesseln und sich durch eine Seitentür aus dem Staub zu machen.

Nach Stunden fragten sich dann wohl auch die Henkersknechte, was Goswin wohl alles Sündiges begangen haben musste – schien doch seine Beichte kein Ende nehmen zu wollen. Ein Blick in die Kirche und auf den am Boden liegenden Pfarrer ernüchterte sie: Goswin war fort!

Im sicheren holländischen Exil wird Goswin ein ums andere Mal auf die Grachten geblickt und Annas Gesicht im Wasser gesehen haben. Die Daheimgebliebene und nun von allen Geächtete wird ebenfalls am Wasser gesessen und bei jedem Rheinschiff gehofft haben, dass es ihr den Liebsten zurückbringe. Der schickte erst einmal einen Brief, und Anna reiste flugs nach Holland.

Der Rest lässt sich denken: Küsse, Kirche, Kindersegen. In Erinnerung der Worte Tucholskys schalten wir uns hier, als Goswin seine Anna in die starken Arme schließt, aus. Und ihr könnt euch nun einschalten und auf dem Melatenfriedhof (beispielsweise am Grab der Klosterfrau »Melissengeist« Clementine) nachempfinden, vielleicht auch andernorts nachspielen, was passiert, wenn die Liebe zur Kunst, zur Liebeskunst führt. Inniglicher Busserln gehört, wen wundert's, dazu.

# Casanova

Er mal wieder. Ja, Giacomo Casanova, »der größte Liebhaber aller Frauen«, war auch einmal in Köln, natürlich an Karneval. Was er hier wohl gemacht hat? Den Dom besucht? Den Rhein gemalt? Blutwurst verspeist und Kölsch getrunken? Vielleicht. Aber all dieses selbstverständlich nicht, ohne auf der Jagd zu sein. Sein »Opfer«: die Gattin des Kölner Oberbürgermeisters. Na klar, drunter ging es nicht für einen Mann, der sich rühmte, 122 Frauen geliebt zu haben, darunter allerlei fürstliches Geblüt. Die Glut der ohnehin leicht entflammbaren Maria Ursula zum Pütz war sogleich leidenschaftlich entfacht. Denn neben ihrem Mann leistete sie sich auch noch einen anderen Geliebten, einen Grafen. Den guten Casanova nahm sie also eigentlich nur als Zwischenmahlzeit zu sich. Der wird das anders gesehen haben, jedenfalls war er von Ursulas forschem Mundwerk höchst entzückt und wartete auf einen Tag ohne Ehemann und Nebenbuhler. Der kam, von Ursula arrangiert. Doch musste Casanova, wie er in seinen Memoiren schreibt, stundenlang in einem zugigen Beichtstuhl ausharren, ehe Ursula auftauchte und ihn unter leidenschaftlichen Küssen in ihr Haus und Ehebett zog. Das wiederholte sich einige Male, und so waren, wie Casanova berichtet, »aus einigen Tagen ein paar Wochen in Köln geworden«, bevor er der Domstadt und seiner Uschi endgültig den Rücken kehrte, um sich ins nächste Liebesabenteuer zu stürzen.

Wer von euch also auch nicht auf den Mund gefallen ist, der möge diese Szene ruhig mit den Lippen nachspielen. Spielort: euer eigenes Veedel.

## Jan und Griet

Eindeutig der Tragiker unter den Köln-Kuss-Klassikern – und gleichzeitig der bekannteste. Dabei eigentlich eine alltägliche, uns wohlbekannte Begebenheit. Denn als er sie wollte, wollte sie ihn nicht. Und als sie ihn dann doch wollte, wollte er nicht mehr. Zu dumm aber auch, dass sie nur auf sein Äußeres geschaut hatte, nicht auf sein Herz. Denn damals, als Jan von Werth noch Schweinehirt auf dem Kümpchenshof zu Köln war, lehnte die schöne Griet sein Ansinnen, sie zu heiraten schnöde ab. Keinen Schweineknecht, sondern einen reichen Mann wollte sie haben. Statt in Schweinen machte Jan nun auf Militär und schloss sich im Dreißigjährigen Krieg den durch Köln ziehenden kaiserlichen Truppen an. Hier, bei der Armee, stieg er rasch zum Reitergeneral auf.

*Wer et hätt jedonn. Wer et hätt jewoss.*

Als er nach vielen Jahren eines Tages an der Spitze seiner Truppen nach Köln zurückkehrte, sah Jan von Werth Griet an der Severinsburg: eine alte Jungfer, die am Straßenrand Äpfel verkaufte. Folgender Kurzdialog ist zwar nicht verbürgt, aber so kölsch, dass man ihn einfach einmal verbürgen muss:

Jan (hoch zu Pferde, zu Griet hinabschauend): »Wer et hätt jedonn.«

Griet (zu Jan hinaufblickend): »Wer et hätt jewoss.«

Ihr könnt diesen traurigen kölschen Konjunktiv in ein Happy End umwandeln. Am besten direkt dort, wo die Legende der unglücklichen Griet die Schlusspointe andichtete, also am Severinstor. Ihr wisst. Und ihr könnt. Alternativ ist natürlich auch der Brunnen der Jan-von-Werth-Gesellschaft auf dem Alter Markt geeignet, um dort eure Gespräche in ein entfesseltes Geküss' münden zu lassen.

Auf einer Tafel an dem im 19. Jahrhundert neu errichteten Severinstor in der Kölner Südstadt, Nähe Chlodwigplatz, wurde das kurze Gespräch zwischen Jan und Griet übrigens in Stein verewigt.

# Karl und Ida

Wenn sich die Tochter der bösen Stiefmutter in den um seine Rechte geprellten Prinzen verliebt – dann wird es kompliziert. So auch in der folgenden, ebenfalls höchst tragischen Geschichte. Diese mehr oder minder historisch verbürgte Handlung entführt uns ins frühe Mittelalter des 8. Jahrhunderts nach Christus, als es noch Menschen mit Namen wie Hildebrand, Hildegund, Redwald, Pippin und Plektrudis gab.

Plektrudis, auch bekannt als Bliktrud, war die Gattin Pippin des Mittleren, seines Zeichens Hausmeier der Franken, und Mutter zweier Söhne. Als Pippin starb, folgte der übliche Erbfolgestress. Plektrudis wollte den unehelichen Sohn Pippins, den ehrgeizigen Karl, nicht an der Macht beteiligen und wusste keine bessere Lösung, als ihn in Köln einzusperren. Zuvor sollte er jedoch auf einer kleinen Feier seine letzten Tage in Freiheit genießen. Wie dumm, dass sich ausgerechnet auf dieser Festivität Ida, die Tochter von Plektrudis, und Karl heftig ineinander verguckten.

Das hinderte Plektrudis freilich nicht daran, ihr Vorhaben in die Tat umzusetzen. Es half kein Flehn und Betteln von Ida: Karl musste ins Kölner Verlies. Doch die Liebe ließ sich nicht einfach wegsperren, und so hörte Ida bei einem Gang durch den Klostergarten plötzlich Karls Stimme. Zwar gelang dem Gefangenen mit Hilfe eines Seils und einer Feile die Flucht, doch wurde Ida als Fluchthelferin enttarnt. Plektrudis kannte kein Pardon und verbannte die arme Ida in ein Kloster mit nur einer Kontaktperson: einer servilen Nonne.

Als Karl, den sie ob seiner Schlagkraft Karl Martell, den »Hammer«, nannten, die Oberhand im Frankenland gewann, sann Plektrudis auf Rache. Sie befahl der Nonne, Ida auszurichten, Karl sei ermordet worden. Mit gebrochenem Herzen sank Ida tot zu Boden. Karl, der die Tote einen Tag später nach seiner Eroberung Kölns auffand, trug ihr Seil fortan ein Leben lang um den Hals.

■ St. Maria im Kapitol. Kasinostraße 6. KVB-Haltestelle: Heumarkt. Im Internet: www.maria-im-kapitol.de

Plektrudis, die Gründerin von St. Maria im Kapitol, wird übrigens trotz ihrer nicht vollständig verbürgten Schandtaten (belegt ist zumindest ihre Gefangensetzung Karls) besonders in Köln als Heilige verehrt. Das zeigt mal wieder die Toleranz der Kölner Seele: Da könnt' ja jeder Franke daherkommen. Schließlich wurde Karl in Köln gefangen gesetzt, also in der schönsten Stadt des Universums, schon damals. Und da hätte er sich eher noch bedanken könne, statt so 'n Jedöns zu veranstalten, oder?

Ihr könnt euch jedenfalls ein Beispiel an der Geschichte nehmen. Gefangennahmen, Fessel- und Entfesselungsspiele sowie, am End', ein Strick um den Hals sind ja schön und gut. Besser aber ist doch wohl das, was Ida und Karl auf der Feier heimlich hinter der Büfettwand mit- und aneinander getan haben müssen: küssen. Historisch gesehen, könnt ihr eure Kuss-Inszenierung an die Klostermauern von St. Maria im Kapitol verlagern.

136

# Und jetzt?

Jetzt seid ihr am Zuge. Dieses letzte Kapitel bricht nämlich
ganz bewusst mit unserem ehernen Grundsatz, pro Abschnitt
immer elf Kuss-Orte und -Handlungen zu präsentieren.
Nach den sechs berühmtesten Kölner Liebespaaren bleibt
nun Platz für eure ganz eigenen (historischen oder aktuellen)
Kuss-Geschichten und -Empfehlungen.

1 .................................................

2 .................................................

3 .................................................

4 .................................................

5 .................................................

6 .................................................

7 .................................................

8 .................................................

9 .................................................

10 ...............................................

11 ...............................................

# Anhängliches

## Lippenspiele – Drei Kuss-Parcours durch die Domstadt

Der Kölner kann zwar grundsätzlich nicht direkt als faul bezeichnet werden, ein mediterranes Gemüt mit allen damit einhergehenden Implikationen wurde ihm allerdings auch schon an anderer Stelle bescheinigt. Dies zeigt sich legendenhalber sicherlich am schönsten in der Geschichte von den »Heinzelmännchen«: »Wie war zu Köln es doch vordem mit Heinzelmännchen so bequem«: Kleine Männer übernehmen so lange alle Arbeiten für die Kölner Bürger – »Und eh ein Faulpelz noch erwacht, war all sein Tagewerk bereits gemacht!« –, bis eine neugierige Schneidersfrau die Männlein so verärgerte, dass sie nie wieder in Köln gesichtet werden (der 1899 aufgestellte Heinzelmännchen-Brunnen an der Domplatte illustriert diese Geschichte).

Wer über ein ähnliches Gemüt verfügt, der möge aufatmen: Er oder sie muss sich nicht selbst mühsam daranmachen, mit Hilfe unseres Kuss-Führers eine Kuss-Schneise durch die Stadt zu schlagen, um den oder die Geliebte(n)

■ Heinzelmännchenbrunnen. Am Hof 12–14. KVB-Haltestelle: Dom/Hauptbahnhof.

küssend zu (ge)leiten. Im Folgenden haben wir aus den 11x11 zuvor gelisteten Vorschlägen drei Kuss-Parcours zusammengestellt, die euch kreuz und quer durch Köln führen. In bewährter Manier bieten wir auch hier zu jedem Parcours elf Möglichkeiten, euch bei der (Neu-)Entdeckung der Domstadt küsslich näher zu kommen.

# Altstadt – Kuss-Parcours 1

1. **Stadtrund-Küsse:** Startet euren Kuss-Parcours mit einer Stadtrundfahrt vom Dom aus.

2. **Köln ist, wo der Dom steht:** Nehmt jetzt das Herzstück der Stadt küssend in Augenschein.

3. **Möge die Erde dir leicht sein …:** Nur wenig weiter auf der Domplatte gelegen: das Römisch-Germanische Museum. Lasst euch inspirieren!

4. **Küssen als Nebenverdienst:** Verdient euer Geld als lebende Statue oder veranstaltet ein spontanes Kiss-in auf der Domplatte.

5. **Jan und Griet:** Begebt euch nun zum Alter Markt, um euch dort ganz dem bekanntesten aller kölschen Liebespaare zu widmen.

6. **Eintauchen in Karnevals-Kuss-Brunnen:** Einen Schlenker in die Altstadt hinein, und schon steht ihr am Rote-Funken-Brunnen – schwört den Eid und widmet euch dem Bützen.

7. **Fisch dir einen:** Ein paar Schritte davon entfernt küsst ihr in historischen Gefilden am Fischmarkt.

8. **Küsse im Arm der kölschen Froh- und Urnatur:** Nur unweit von dort findet ihr euch umschlungen im Arm von Willy Millowitsch wieder.

9. **Über sieben Brücken musst du gehen:** Begebt euch auf die Hohenzollernbrücke, um dort busserlnd das Panorama zu genießen.

10. **Café Cyclo:** Auf der Schäl Sick angekommen, nehmt die KVB-Linie 1 vom Bahnhof Deutz aus hinüber zur Haltestelle Heumarkt. Von dort aus lauft bis zum Café Cyclo, wo ihr euch an Hotpot gemeinsam gütlich tun könnt.

11. **Karl und Ida:** Von hier ist es nicht weit bis zum Kloster St. Maria im Kapitol, wo ihr Karl und Ida nachspüren könnt.

# Innenstadt – Kuss-Parcours 2

1. **Richmodis und Mengis:** Beginnt euren Streifzug am Neumarkt, wo ihr den dramatischen Begebenheiten um das bekannte kölsche Ehepaar mit euren Lippen nachfühlen könnt.

2. **Weiterküssen ungefährlich – Paternoster-Küsse:** In der VHS, ebenfalls am Neumarkt gelegen, könnt ihr euch einen Paternoster-Kuss-Kick holen.

3. **Rutsch-Knutscher I:** Wo ihr schon in der Nähe seid: ab ins Agrippabad zum Rutsch-Knutschen.

4. **Kissing in the rain:** Und da ihr schon einmal nass seid – wenn's regnet, ist »Küssen im Regen« angesagt. Wenn nicht: Testet die Regenkammer im Globetrotter im Olivandenhof.

5. **Haltet euch fest:** Im Fotoautomaten unterhalb des Neumarkts, im Fotostudio Balsereit oder mit einer eigens kreierten Foto-Lovestory: Verewigt eure Zungenspiele.

6. **4711 Küsse:** Schnell seid ihr an der Glockengasse, wo ihr zur vollen Stunde eines echten Köln-Klassikers gemeinsam gedenken könnt.

7. **Bieresel:** Dieses Traditionshaus lockt mit guter kölscher Küche (u.a. Muscheln) und einer ewig langen Warteschlange, die zum Schnäbeln einlädt.

8. **Museale Küsse:** Ganz in der Nähe liegt das Museum für Angewandte Kunst, hier könnt ihr eure Kuss-Künste praktisch anwenden.

9. **Kuss-Loch:** Historische Kölner Kuss-Löcher fordern zum Kuss-Schmaus heraus, am Lysolphturm wie in der Tiefgarage am Dom.

10. **Pikusso:** Fordert Kunst-Küsse im Museum Ludwig ein.

11. **Hörbar:** In der Huhnsgasse gelegen, müsst ihr hier keinem Wortgeplänkel nachkommen; lehnt euch zurück und genießt.

# Ehrenfeld – Kuss-Parcours 3

1. **Über sieben Brücken musst du gehen:** Startet an der rosenumrankten Brücke am Kaiser-Wilhelm-Ring.

2. **Kissing possible – Küsse in verdeckter Mission:** Begebt euch in das Herzstück des Mediaparks und tauscht verstohlene Küsse aus.

3. **Ru(m)tsch-Knutscher II:** Sucht die hinter dem Mediapark versteckte Rutsche zum Knutschen auf.

4. **Wipfelküsse:** Begebt euch über die Bahnbrücke hinweg in den Stadtgarten für zärtliche Baum-Küsse.

**5. Wipfelküsse:** Vergesst nicht, im Basic einige Schoko-Bützje als Wegzehrung zu erwerben.

**6. Abgeknutscht im Untergrund:** Begebt euch zur KVB-Haltestelle Bahnhof West und küsst euch von Bahnstation zu Bahnstation.

**7. Nasse Küsse bei sphärischen Klängen:** Macht euch auf zum kaiserlichen Kuss-Vergnügen im Herzen Ehrenfelds im Neptunbad.

**8. Amando:** Nur zwei Straßen weiter könnt ihr den Tag mit einem liebevollen Diner ausklingen lassen.

**9. Cocktail-Bar:** Im Rubinrot taucht ihr in die schummrige Atmosphäre ein, die ihr jetzt zum hemmungslosen Knutschen brauchen könnt.

**10. Abgedrehte Küsse in freier Wildbahn:** Ein Spaziergang über die Subbelrather Straße bringt euch diesem abgedrehten Kuss-Erlebnis im Colonius Carré näher.

**11. Osman:** Folgt ihr der Straße weiter, so bringt sie euch wieder zurück zu eurem Ausgangspunkt, dem Mediapark. Fahrt dort hoch hinaus ins Osman, um im dreißigsten Stock, Wange an Wange, Lippe auf Lippe das Panorama von Köln zu genießen.

# Tipps und Tricks für ein unvergessliches Kuss-Erlebnis

Machen wir uns nichts vor. Jeder ist von wohldurchdachten Tête-à-Têtes zu beeindrucken. Wir möchten euch für euren Kuss-Parcours noch einige Tipps und Tricks mit auf den Weg geben. So könnt ihr euch von eurer besten Seite zeigen und den Kuss-Quotienten des Tages oder Abends erheblich steigern:

- Ein kleines Picknick vorbereiten, egal ob feines Fingerfood oder einfach nur Schnittchen, die Geste zählt.

- Gummiherzen an Kiosk kaufen und gemeinsam verspeisen.

- Einplanen: Blumenkauf bei einem Floristen, egal ob rote Rosen oder Vergissmeinnicht, die Sprache der Blumen ist universal und wirkt eigentlich immer. Wenn die Uhrzeit kreativere Maßnahmen verlangt: Blumen am Wegesrand auflesen.

- Glückskekse in einem Asia-Laden kaufen, Keks-Botschaften gemeinsam lesen und kichern.

- Ein Heißgetränk in der Winterzeit mitbringen: Kakao, Milchkaffee, Glühwein oder den »Sweet Kiss«-Tee von »Teekanne« (heiße Erdbeer-und-Kirsch-Versuchung, ca. zwei Euro) (Thermoskanne und Tassen nicht vergessen!).

- Schoko-Bützje in der Bäckerei im Basic gegenüber vom Stadtgarten (Venloer Straße) kaufen.

- Sehr romantisch: Je nach Talent ein Gedicht oder ein Lied parat haben, selbst oder abgeschrieben, auswendig oder vom Spickzettel.

- Kerzen, Wunderkerzen, Rosenblätter und Sekt wirken immer Wunder.

- Weihnachtliche Idee: Einen Mistelzweig mitbringen, den ihr bei Kuss-Bedarf (also ständig) hervorziehen könnt.

- Weltmännisch oder -fraulich sein: ein köstliches Eis spendieren (»Ich zeig dir mal die beste Eisdiele von Köln …«).

- Eine Decke oder ein Kissen zum Draufsitzen mitnehmen oder – noch ritterlicher – den eigenen Pullover oder die eigene Jacke anbieten.

# Kleine Kuss-Geschichte(n)

Schon die alten Römer wussten um die Macht des Kusses. Und wer konnte das besser demonstrieren als die Expertin für Liebesdinge im Götterhimmel: Venus. Erbost über die Schönheit einer Sterblichen namens Psyche, ließ sie nach der Konkurrentin suchen. Dem Finder der Fliehenden versprach sie indes nicht etwa Ruhm, Macht oder Gold, sondern – wie der römische Dichter Lucius Apuleius (125–170 n. Chr.) zu berichten weiß – »sieben persönliche süße Küsse und einen extrasüßen und betörenden Zungenkuss«.

Auch die Geschichte des christlichen Abendlandes startet mit einem Kuss: Judas verrät Jesus nach dem Abendmahl an die Römer, indem er ihn auf die Wange küsst. Ein Kuss, wenn auch ein verräterischer, versprach also der Menschheit die Möglichkeit, ins Paradies zu gelangen. Wenn das keine Metapher ist! Dem Himmel so nah? Deutlich daran wird zweierlei: Küsse sind mitunter recht ernste Angelegenheiten. Und: Es gibt sie in vielerlei Arten: Zungen-, Wangen-, Hand-, Augenküsse, Küsse der Liebe, der Freundschaft, des Rituals, des Verrats. Trivial gesehen und auf den eigentlichen Kuss-Körperteil beschränkt, drückt mindestens eine Lippe sich auf mindestens eine andere, wobei Flüssigkeit wenn nicht getauscht wird, so doch immerhin im Spiel ist. In Wahrheit aber spannt sich eine unendliche Palette an Bedeutungen auf, religiösen, kulturellen, erotischen: Man denke an die Friedensküsse unter Königen, an die immer noch gelegentlich praktizierten Hand- und Ringküsse vor Päpsten, an die Küsse auf Reliquien und Heiligenbildern, an den Erweckungskuss für Dornröschen und den schaurigen Kuss des Vampirs.

Die Aussagekraft des Kusses ist seitdem nicht geringer geworden, je nach Zeit, Ort und Kultur. Was für den einen zum

Alltag gehört, hat für den anderen eine geradezu unerhörte Bedeutung. Das musste vor gar nicht allzu langer Zeit auch Hollywoodstar Richard Gere erfahren. Er gab seiner indischen Schauspielkollegin Shilpa Shetty bei einer Pressekonferenz zu einer Anti-Aids-Kampagne in Indien im April 2007 einen herzhaften Schmatzer auf die Wange. Sogleich beantragte ein Richter im indischen Jaipur Haftbefehl wegen obszöner Handlungen. Öffentliche Bekundungen von Zuneigung sind unter streng religiösen Hindus und Moslems verpönt und können eine bis zu dreimonatige Haftstrafe nach sich ziehen.

Wer glaubt, dies sei ein Relikt längst vergangener Zeiten, der sollte einmal in die Vereinigten Staaten fahren, genauer nach Wisconsin. Dort ist der »French Kiss«, also der Zungenkuss, per Gesetz verboten. Andere Staaten knüpfen den Grad moralischer Verfehlung schlicht an die Zeit: Maryland erlaubt nur Küsse unter einer Sekunde, Rhode Island nicht länger als drei Minuten (man stelle sich den örtlichen Polizisten mit der Stoppuhr neben unwissenden Liebenspärchen aus Frankreich vor!).

Auf Art und Dauer des Kusses kommt es also an. Ein Kuss ist kein Küsschen, ein Schmatzer ist kein Knutscher. Vielleicht hat der indische Richter Geres Absichten bei seinem übrigens ziemlich unbeholfenen Wangenkuss einfach falsch interpretiert. Wie der Kölner zwischen Bützen und Bützchen unterscheidet, so trennten schon die alten Römer zwischen Küssen des Ritus, der Zuneigung, Freundschaft und Liebe (»basia«) und erotischen Küssen (»suavia«). Für die alten Ägypter lag die Seele auf der Zunge. Küsse hatten deshalb per se etwas Seelenverwandtes. Beim Küssen atmen wir den Luftstrom des Partners ein, der den Lebensatem symbolisiert. Manche Naturvölker befürchteten deshalb, beim Küssen die Seele des Partners versehentlich auszusaugen und zu verschlucken.

Nicht überall waren Küsse daher von Beginn an Teil der Alltagskultur. Französische Ethnologen schilderten noch Ende des 19. Jahrhunderts das Erschrecken der Chinesen darüber, dass sich Europäer vor ihren Augen auf den Mund küssten. Die Chinesen, denen solche Spielarten der Zuneigung unbekannt waren, glaubten, hierbei sei Kannibalismus im Spiel.

Zudem war und ist die am weitesten verbreitete Art des Kusses – der Lippen- und Zungenkuss – nicht allerorten das Nonplusultra. Jedem ist der Nasenkuss der Eskimos bekannt, der die so wichtige Komponente des Geruchssinns zum Symbol erhebt. »Sich riechen können« ist bei vielen die absolute Voraussetzung für den ersten oder nächsten Kuss. Der Duft, den ein Partner ausströmt, ist nicht nur betörend, er schweißt im wahrsten Sinne des Wortes zusammen. In menschlichen Kulturen haben sich Reste einer animalischen Bindung über den Geruch rituell erhalten: Bei dem Nomadenvolk der Tschuktschen etwa rieb noch Anfang des 20. Jahrhunderts der Vater seine Nase an die Wange des Kindes, um so dessen Körpergeruch aufzunehmen und es nach längerer Abwesenheit am Duft wiedererkennen zu können. Diese geradezu archaischen Rituale sind geblieben, wenn auch unbewusst. Jeden Morgen, jeden Abend vergewissern wir uns mit all unseren Sinnen: Es ist der vertraute Mensch, den wir mit einem Kuss verlassen, um zur Arbeit zu gehen oder hinüberzugleiten in süße Träume.

# Lippenbekenntnisse – Facts & Figures

Mehr als 100.000 Küsse, das entspricht einer Dauer von fast 76 Tagen, tauscht ein 70 Jahre alter Mensch durchschnittlich mit mehr oder weniger vielen Partnern im Laufe seines Lebens aus. Wir verteilen somit ca. zwei bis drei Küsse pro Tag.

Dabei soll Küssen sogar die Lebenserwartung erhöhen. Laut einer US-amerikanischen Studie stärkt Küssen das Immunsystem derart, dass man fast fünf Jahre länger leben kann. Küssen schränkt die Ausschüttung von Stresshormonen ein, die gemeinhin als Auslöser für schlechte Laune, Depressionen oder Frustrationen gelten. Frisch geküsst soll man sogar weniger offensiv fahren und dadurch weniger Unfälle verursachen – womit sich die Aussage eines Ärzte-Songs bestätigt, dass Neonazis wohl keine wären, wenn sie mehr kuscheln könnten.

Leider werden alle vom Schlankheitswahn Angetriebenen enttäuscht zur Kenntnis nehmen müssen, dass man vom Küssen kaum schlank werden kann, es sei denn, man versucht den aktuellen Kuss-Rekord von 30 Stunden und 59 Minuten zu überbieten. Der entscheidende Vorteil am Küssen besteht allerdings nicht darin, Kalorien beim Küssen zu verbrennen. Vielmehr kann man sich währenddessen wohl kaum etwas in den Mund stopfen. Bei einem leidenschaftlichen Kuss sollen übrigens ebenso viele Glückshormone ausgeschüttet werden wie beim Essen von 25 Gramm Schokolade. Bei vier Küssen hat man schon eine Tafel Schokolade gespart … Na, wenn das jetzt kein Anreiz ist!

Ab den dreißiger Jahren des 20. Jahrhunderts gab in Hollywoodfilmen der sogenannte »Hays Code« vor, wie das Küssen in Filmen zu zeigen war. Generationen von Amerikanern lernten, dass Küsse in der horizontalen Lage etwas höchst Unanständiges darstellen, nur ein Kuss im Stehen oder Sitzen wurde als sittsam genug empfunden. Saß ein Filmpaar etwa auf ein und demselben Bett oder Sofa, so musste zumindest der Fuß eines der Beteiligten den Boden berühren.

Die Befähigung zum Küssen, so die Ansicht unter Männern und Frauen gleichermaßen, gibt Aufschluss darüber, ob das Gegenüber auch im Bett tauglich ist. Frauenspezifisch sind hingegen die Abneigung, mit der Zunge am Zäpfchen berührt zu werden, oder zu feuchte Lippen oder gar das Sabbern, das mehr an das Geschlabber eines Dobermanns als an das feurige Zungenspiel mit dem Geliebten denken lässt.

Der moderne Küsser ist ausdauernder als noch wenige Jahre zuvor: Statistisch gesehen hält ein Kuss heutzutage zwölf Sekunden an, während er in den Achtzigern nur 5,5 Sekunden gedauert haben soll. In diesem Zeitraum werden unglaubliche Kräfte aktiviert, denn mit einem Druck von bis zu 15 Kilogramm Gewicht werden dabei die Lippen der sich Begehrenden aufeinandergepresst.

Frauen halten die Augen während eines Kusses zu über neunzig Prozent geschlossen, die Hälfte aller Männer hingegen lässt sie dabei offen.

# Kuss-Glossar

*Abschiedskuss* – In Hollywoodfilmen gängiges Element, am Kölner Hauptbahnhof oder am Köln-Bonner Flughafen aber ebenso gut beobachtbar. Je nach Destination, Enge und Dauer der Beziehung oder Trennungsdauer kann dieser mit Tränen, heftigen Umarmungen und intensivem Zungenspiel einhergehen.

*Akkolade* – Eine »Akkolade« ist ein angedeuteter Wangenkuss, der links und rechts neben den Kopf des zu Begrüßenden geworfen wird. Zwar kann man solche hingehauchten Bussis auch in Köln beobachten, der Kölner an und für sich neigt aber dazu, dieses oftmals als heuchlerisch empfundene Verhalten dem Düsseldorfer zu überlassen (siehe Judaskuss).

*(Bad) Kissingen* – Eine Bäderstadt in Unterfranken, nach alten Quellen »Kussingen«. Ihr internationales Flair versucht sie durch die englische Form ihres Namens zu unterstreichen. Ob in dieser Stadt nicht nur bedeutend öfter gebadet, sondern auch geküsst wird, ist noch nicht untersucht worden. Ist aus Kölner Sicht auch ejal. Eine Stadt, die an keinem Fluss liegt und sich trotzdem »Bad« nennt, kann ein echter Rheinländer ohnehin nicht ernst nehmen.

*Bützje* – Unterform des Küssens. Besonders in Köln verbreitet.

*Dichter Kuss* – Wahlweise ein poetisch hingehauchter oder eben ein vollkommen distanzloser Kuss.

*Erster Kuss* – »First love, first kiss«: Oft geplant und herbeigesehnt, manchmal gefürchtet und immer unwiederholbar (siehe auch Todeskuss). Der Erfinder dieses Prozederes ist natürlich Adam.

*Fiskuss* – Unangenehmer Kuss. Auch: Fieskuss.

*Handkuss* – Ein Ritus, bei dem der Mann der Dame seine Reverenz erweist, indem er sich vor ihr respektvoll verneigt oder niederkniet (aber nicht etwa ihre Hand zu seinem Mund heraufzieht) und ihr dabei einen Kuss auf die Hand haucht, dabei jedoch nie mit dem Mund etwa die Hand berührt. Schon aus diesem Grund hat diese Tradition in Köln nie Fuß fassen können, frei nach dem Kölner Motto »Wat soll dä Quatsch?«.

*Hasmankuss* – Ein erbettelter Straßen-Kuss.

*Hochzeitskuss* – Für die einen der romantischste Kuss des Lebens, für die anderen ein exhibitionistisches Spektakel vor aller Augen.

*Hokuspokuss* – Ein Zauberkuss, dessen Herkunft ungeklärt ist und der oft mehr verspricht, als er halten kann. Im übertragenen Sinne meint man damit ein großes Getue um nicht erkennbare Taten, also: viel Lärm um nichts. Den Kölnern natürlich vollkommen unbekannt.

*Judaskuss* – Judas verriet Jesus mit einem Kuss auf die Wange, was den Schergen längere Befragungen ersparte. Aus diesem Grund bezeichnet man heutzutage eine heuchlerisch-freundliche Geste als *Judaskuss*.

*Kleinkinderkuss* – Ein im wahrsten Sinne des Wortes unwiderstehlicher Kuss, weil das Objekt des Kusses (Babys, Kleinkinder) sich nicht wehren kann. Zu beobachten jeden Tag an unzähligen Kinderwagen. In der Erinnerung ein nicht immer schönes Erlebnis: Pelzige, riesige Zungen, raue Münder, Tabak-Atem von Verwandten und Bekannten, die einem einen Schmatzer hinterlassen mussten, weil man ja sooo süß war …

*Knutschen* – Ja, auch Erwachsene können knutschen. Vor allem aber finden wir diese Unterart des nicht kultivierten Küssens bei Menschen in der Entwicklungsstufe – auf Klassenfahrten, Abschlusspartys und, natürlich, beim Kölner Karneval.

*Knutschfleck* – »Mach mir doch kein' Knutschfleck …« Der bekannte Gassenhauer von 1983, der schon seit Jahrzehnten immer wieder (in Köln gern auch in der Karnevalszeit) in feuchtfröhlicher Runde geschmettert wird, bezieht sich auf eine Tätigkeit, bei der die Lippen an beliebiger Körperstelle (am erfolgreichsten am empfindlichen Hals) aufgesetzt werden und durch Ansaugen kleine, für aller Augen sichtbare blaue Flecken entstehen. Er kann als alte Form des Brandings verstanden werden: Wie einem Hund eine Marke umgehängt oder der Kuh ein Brandzeichen verpasst wird, so kann durch den Knutschfleck aller Welt signalisiert werden, die/der ist schon vergeben. Also Finger weg! In Wahrheit werden Beknutschfleckte gern damit aufgezogen, daher: »Mach mir doch kein' Knutschfleck …«

*Kuss* – Streng genommen wird darunter die Berührung der Lippen (und anderer Körperteile) zweier Menschen verstanden, die so ihre Zuneigung oder ihr Begehren dem anderen gegenüber ausdrücken möchten. Wie wir durch Chers »Shoop Shoop Song« gelernt haben, erfährt man nur durch einen Kuss, ob das Gegenüber einen nun wirklich (noch) liebt oder nicht.

Auch bekannt als Bussi und Pussl (österreichisch, bayrisch), Schmatz, Küsschen, Bützje (rheinisch, Beschreibung und Bedeutung siehe oben), Müntschi (alemannisch), Busserl oder Bussal (österreichisch). Besonders schön beschrieben in einem Kuss-Gedicht von einem anonymen Schreiber:

*»Ein Kuss ist, wenn zwei Lippenlappen*
*in Liebe aufeinanderklappen*
*und dabei ein Geräusch entsteht,*
*als wenn die Kuh durch Matsche geht.«*

*Kusshand* – Mit ebendieser werfen Liebende gerade bei Abschiedsszenarien immer wieder um sich. Nicht zu verwechseln ist diese allerdings mit dem Handkuss. Vorteil: Sie können aus der Ferne verteilt werden. Man halte dafür die flache ausgestreckte Hand vor den Mund und blase den imaginären Kuss vom Handballen über die Handfläche bis zum Ziel. Schön schmalzig!!!

*Kuss-Kuss* – Entweder eine reisartige Getreidespezialität aus Nordafrika (Couscous) oder eine mindestens einmalige Kusswiederholung.

*Kussmund* – Anatomische Bevorteilung (etwa bei Angelina Jolie und Scarlett Johansson). Von Schmallippigen, die eine dicke Lippe riskieren wollen, manchmal künstlich durch Injektionen herbeigeführt.

*Lippenstiftkuss* – Kussindiz: entweder im Gesicht, am Kragen oder am Spiegel. Letzteres nach heißen Nächten, oft in Verbindung mit Telefonnummern hinterlassen. In Köln: »0221 – 66 66 66 – Ruf mich an!«

*Luftikuss* – Ein Kuss für alle abgebrannten Traumwandler und Lebenskünstler im Stile des kölschen Tünnes. Und auch ein patentiertes Mundhygiene-Bonbon von Erfinder Josef Schwarzkopf, das unangenehme Gerüche eliminieren soll: Döner und heiße Küsse – kein Problem!

*Medikuss* – Selbstredend der Kuss eines Dr. med. Im immer latent enthusiastischen Köln zu beobachten zum Beispiel nach gelungenen Operationen, nach denen der Patient wieder erwacht. Joachim Fuchsberger soll übrigens einmal gesagt haben: »Ein Kuss ist Mund-zu-Mund Beatmung ohne medizinischen Anlass.«

*Megakuss* – Ein Kuss unter besonders großwüchsigen Menschen. *Political incorrect.*

*Musenkuss* – Die Musen sind in der antiken Sage Quellnymphen, neun Schwestern, die vom griechischen Vatergott Zeus gezeugt wurden und sich als Schutzgöttinnen der schönen Künste profilierten. Ihr Kuss inspiriert Künstler zu neuen Taten. Der Kölner Aktionskünstler HA Schult, der einst ein goldenes Flügelauto aufs Stadtmuseum hieven ließ, nennt seine aktionskünstlerisch aufgedonnerte Liebste Elke *meine Muse*. Wenn Zeus das wüsste …

*Nasenkuss* – Ein Kuss der neuseeländischen Ureinwohner (Maori) und der Eskimos als Zeichen, dass man sich gut riechen kann. In Köln besonders an Fastelovend (an Karneval also) zu beobachten, wenn sich unter dem Einfluss verschiedenartiger Ein-Flüsse (Kölsch, Feigling und Jägermeister) der Mund des Partners nicht mehr finden lässt.

*Platonischer Kuss* – Streng genommen ein nur gedachter Kuss. Sokrates, dessen Schüler Platon alles aufzeichnete und der platonischen Liebe und damit auch unserem Kuss den Namen gab, war jedenfalls kein Kostverächter. Ständig schwadronierte er von schönen Jünglingen, die er gern überzeugen würde, der Wahrheit auf den Grund zu gehen – der Wahrheit und anderem …?

*Saugkuss* – Gewolltes gegenseitiges oder ungewolltes einseitiges Luftabsaugen. Letzteres gilt als einer der Kardinalfehler nervöser Erste-Hilfe-Sanitäter in der Grundausbildung.

*Schaumkuss* – Wahlweise ein süß-schokoladiges oder – als tollwutartiger Kuss – ein eher gefährliches Unterfangen. Kann eine Versöhnungsgeste nach Schaumschlägereien sein, zu der Kölner bekanntlich neigen.

*Scheelkuss* – Ein scheeler, falscher Kuss auf der Schäl Sick der Liebe.

*Sozialistischer Bruderkuss* – In der heutigen Zeit nur noch selten üblich, in Hochzeiten des Kalten Krieges ein bei Staatsbesuchen sozialistischer Staatsoberhäupter oder bei Parteiversammlungen gern vollzogener Ritus, bei dem sich (vorwiegend) Männer auf den Mund küssten. Den Kölner kann man mit solcherlei Küssen nicht schockieren – die schwule und lesbische Szene gehört zu Köln wie der schlecht gelaunte Köbes zum Brauhaus: »Kölle – Aloha Aloha Aloha!«

*Sparta-Kuss* – Ja, auch der römische Sklavenrebell Spartakus und die griechischen Spartaner haben geküsst! Deshalb ein entweder sehr spartanischer, also sparsamer, oder ein sklavischer, ergebener Kuss – kurzum, ein Kuss für Geizhälse, Devote und Bildungsbürger.

*Stammkuss* – Beliebt bei Stammküssern. Ein Baumkuss oder ein Kuss am Baum oder ein regelmäßig praktizierter Kuss.

*Todeskuss* – Auch ein Abschiedskuss, in der Regel nicht erwidert. Entweder wird ein sterbender Mensch unmittelbar vor seinem Tod geküsst, oder der Kuss löst ohne weitere Gründe den Tod des Menschen aus. Köln und Düsseldorf praktizieren seit Generationen gegenseitige Todesküsse – erfolglos.

*Wangenkuss* – Aus Frankreich, Italien und Spanien ist in den letzten Jahren dieses Ritual zur Begrüßung von Freunden und Verwandten ins Rheinland übergeschwappt. Egal ob rechts-links, rechts-links-rechts oder rechts-links-rechts-links (und umgekehrt) – das, was in den neunziger Jahren oft noch als heuchlerische Tat, als Ausgeburt Düsseldorf'schen Schickimickis aufgenommen wurde, ist heute durch alle Lebensbereiche hindurch gesellschaftsfähig geworden.

*Zungenkuss* – Auch »French Kiss« (französischer Kuss also) genannt, deutet auf die hohe Stellung des Franzosen in der Hackordnung sexueller Angelegenheiten. Das rheinische »Mädche« konnte ja – historisch gesehen – einige Erfahrung auf diesem Gebiet machen. Auch wenn die elterliche Aufforderung, keine »Fisimatenten« zu machen, nicht auf die Einladung französischer Soldaten in ihr Zelt zurückzuführen ist (»Visite ma tente«), wie es der rheinische Mythos gebietet, so wird doch die eine oder andere das französische Vermögen aus erster Hand getestet haben.

Diese Form des Kusses bezeichnet das Zungenspiel beider Parteien. Zur Irritation beim Zungenkuss kann es führen, wenn einer der Küssenden seine Zunge von oben nach unten verdrehen kann. Zungenpiercings hingegen werden von vielen als besonders aufregend empfunden.

Der »French Kiss« steht übrigens nicht in Zusammenhang mit dem kölschen Begriff »Sich op Französisch verdröcke« (ohne Abschied gehen). Dieser bezeichnet vielmehr das bei der französischen Besetzung des Rheinlandes vorherrschende Verhalten, im Brauhaus das Bezahlen zu »vergessen«.

# Register

© Hermann-Josef Emons Verlag
Alle Rechte vorbehalten
Umschlaggestaltung: Weusthoff-Noël,
Hamburg (www.wnkd.de)
Layout: Eva Kraskes, Köln
Druck und Weiterverarbeitung:
CPI – Clausen & Bosse, Leck
Printed in Germany 2008
ISBN 978-3-89705-594-0
Originalausgabe

Unser Newsletter informiert Sie
regelmäßig über Neues von emons:
Kostenlos bestellen unter
www.emons-verlag.de